東大理学部発

学生相談・学生支援の新しいかたち

大学コミュニティで支える学生生活

臨床心理学実践コレクション

東京大学大学院理学系研究科・理学部 監修
東京大学大学院理学系研究科・理学部 学生支援室／下山晴彦 編著

岩崎学術出版社

目　次

● ……*prologue* / プロローグ

　　しなやかに逞しく　東京大学理学系研究科長・理学部長　山形俊男　*9*
　　理学部発の学生相談に期待すること　東京大学理事・副学長　小島憲道　*11*

● ……*part 1* / 大学と協働して問題解決を支援する

　第1章　大学に通う気になれない――不登校・引きこもりの学生の支援　*17*

　　Ⅰ　大学における不登校や引きこもり　*17*
　　Ⅱ　理学部で実施している不登校への対応　*18*
　　Ⅲ　学科との連携により来談につながった学部生のケース　*20*
　　Ⅳ　指導教員との連携を活用した大学院生のケース　*25*
　　Ⅴ　今後の課題　*29*

　第2章　進むべき道が決められない――進路選択を支える　*31*

　　Ⅰ　理学系固有の進路問題　*31*
　　Ⅱ　「自分は研究者の器か」不安に襲われた大学院生のケース　*33*
　　Ⅲ　「研究者をあきらめたら何もなくなった」と来談した学部生のケース　*37*
　　Ⅳ　「出産と研究の両立って可能？」博士課程進学をためらう女子学生のケース　*40*
　　Ⅴ　理学系ならではの進路問題を支える　*42*

　第3章　研究室の人間関係になじめない――研究室内対人関係の調整　*44*

Ⅰ　研究室における対人問題　44
　　Ⅱ　研究室内の対人問題あれこれ　46
　　Ⅲ　調整機能——環境調整と心理援助　48
　　Ⅳ　指導教員との相性が合わないと来談した大学院生のケース　50
　　Ⅴ　学生の研究環境改善について運営委員の支援を求めたケース　54
　　Ⅵ　今後の課題　56

第4章　学生生活をスムーズに送れない——発達障害の学生を支える　58
　　Ⅰ　発達障害とは　58
　　Ⅱ　教員から「気になる学生がいる」と相談のあったケース　64

第5章　死にたい気持ちが生じたら——自殺の危険を防ぐ　74
　　Ⅰ　大学生の自殺数の推移と対応　74
　　Ⅱ　指導教員とともに来室した自殺念慮をもつ男子学生のケース　76
　　Ⅲ　自殺によって学生が亡くなった研究室への対応を依頼されたケース　80
　　Ⅳ　自殺問題への対応のポイント　84

●……*part 2* / 相談活動を支える学生支援システムを作る

第6章　大学コミュニティと協働する学生相談を創る　89
　　Ⅰ　学生相談の新しいかたち　89
　　Ⅱ　大学システムにおける，従来の学生相談機関の位置づけ　90
　　Ⅲ　従来の学生相談機関の活動の限界　91
　　Ⅳ　大学コミュニティ内に学生相談を位置づける——部局に注目することの意味　93

Ⅴ　教員や事務員と協働してコミュニティ全体で問題を解決する
　　　　　 95
　　　Ⅵ　教員や事務員と協働する方法　96
　　　Ⅶ　学生相談の新たな発展に向けて　98

第7章　協働のためのシステムを作る　100
　　　Ⅰ　学生支援室のサポートを支える仕組み――運営委員会システム
　　　　　 100
　　　Ⅱ　学生支援室のルール作り　103
　　　Ⅲ　教職員システムとの日常の情報交換　104
　　　Ⅳ　協働をベースにした予防活動の実際　106
　　　Ⅴ　協働システムを形成する　108

第8章　学生支援室の活動の紹介　111
　　　Ⅰ　学生支援室の体制　111
　　　Ⅱ　相談面接までの流れ　111
　　　Ⅲ　相談内容　114
　　　Ⅳ　学生支援室の活動を支えるもの　117

第9章　学生支援室の1年　118
　　　Ⅰ　学生支援室における面接　118
　　　Ⅱ　理学部・理学系研究科と学生支援室業務の1年　120
　　　Ⅲ　活動において目指していること　129

●……part 3 / 大学コミュニティと力を合わせるために

第10章　支援するコミュニティを知る　133
　　　Ⅰ　大学や教職員側の事情　133
　　　Ⅱ　学生の変化　136

Ⅲ　教職員と学生とのすれ違い　140

第11章　学生のニーズ・教職員のニーズをくみ取る　144
　　　Ⅰ　教職員のニーズ　144
　　　Ⅱ　学生のニーズ　148
　　　Ⅲ　今後に向けて　155

第12章　教職員と協働して学生相談を育てる──ファカルティ・ディベロップメントの実際　159
　　　Ⅰ　大学教育に何が求められているか　159
　　　Ⅱ　学生支援室のファカルティ・ディベロップメントについて　160
　　　Ⅲ　「学生相談の問題」（2007年）　160
　　　Ⅳ　「大学院生の不適応問題」（2008年）　166
　　　Ⅴ　「トラブルを未然に防ぐコミュニケーション」（2009年）　168
　　　Ⅵ　今後の展望と課題　168

第13章　大学システムと協働するポイント　171
　　　Ⅰ　援助資源としての上位部門　171
　　　Ⅱ　役割を柔軟に解釈する　172
　　　Ⅲ　今後検討すべき事柄について　174

●……*part 4* / 大学が学生相談を育てる

第14章　理学部発の学生支援室の誕生　179
　　　Ⅰ　学生支援室創設の出発点を探る　179
　　　Ⅱ　東京大学理学部・理学系研究科という部局　180
　　　Ⅲ　国立大学法人化がもたらした影響　180
　　　Ⅳ　研究科長の着想──理学系に新しいシステムを作ろう　181
　　　Ⅴ　副研究科長による準備期間──学生支援室の実現はほんとうに

可能か？ 183
- Ⅵ 運営委員会制度──理学系教員と相談員の協働 186
- Ⅶ 学生支援室に対する理学系教員の願い 186

第15章 鼎談：いま大学に求められる学生支援とは 187
- Ⅰ 新しい学生相談のかたちができるまで 187
- Ⅱ 学生相談の新たな展開に向けて 189
- Ⅲ 問題発生を未然に防ぐという発想 190
- Ⅳ 理系のための学生相談があってよい 191
- Ⅴ 学生相談で「タフ」な学生を育てる 193
- Ⅵ 学生相談のさらなる発展に向けて 195

エピローグ／理学部の教育理念を反映する学生支援
　　　　　　理学系研究科・理学部学生支援室長　相原博昭 198

索　引 200

○……colum／コラム

- 部局とは？ 30
- 学生支援室を構成する運営委員（会）とは？ 57
- 大学教育を支える教務委員（会） 73
- 理学部生の進学状況 86
- 東京大学，理学部・理学系研究科の大きさは？ 99
- 大学のマニフェスト──東京大学の行動シナリオ 130
- 学生版 EMP ──次世代のリーダーを育てる 143
- 教養学部から専門課程へ──進学振り分け 169
- 国際水準の研究拠点を目指すグローバル COE 176

prologue / プロローグ

しなやかに逞しく

東京大学 理学系研究科長・理学部長　山形俊男

　エドウイン・O・ライシャワー博士の名前を知る人はもう少ないかもしれない。博士はハーバード大学で東洋史学の教鞭をとっていたが，ケネディ大統領の命を受けて1961年から1966年まで駐日大使を務め，日米間の幅広いパートナーシップの基礎を築いた方である。氏は円仁（慈覚大師）の旅行記『入唐求法巡礼行記』の研究で博士号を取得した。円仁は838年に遣唐使として大陸に渡ったが，仏教排斥の嵐の中にあっても自らを失わず，国際性をもって逞しく生き抜き，帰国して日本文化に大きな貢献をしたことで知られている。

　ライシャワー博士は米国に帰任するにあたって，円仁の生地，下野の壬生を訪問したが，このときに近隣にある私の出身高校にも立ち寄った。私たちは興味津々で講堂の壇上の博士，ハル夫人，同時通訳の西山千早稲田大学教授を眺めていたが，博士は急に「今日はいつもと逆でゆこう。円仁について私は日本語で話す。しかし，生徒さんは英語を勉強したいだろうから，西山さん，私の日本語を英語にしてほしい」というのである。

　講演の詳細は忘れてしまったが，ライシャワー博士の茶目っ気，他者への思いやり，その根幹にある自由闊達さ，傍らで微笑むハル夫人，この一瞬に受けた感動は今も昨日の出来事のように思い出す。日本文化の豊かさの基を逞しく築いた円仁と同じ自由闊達の精神が，ライシャワー博士には生き生きと息づいていたのだ。このことを私が知ったのは，実に『入唐求法巡礼行記』についての博士の著作を読んだ数十年後のことであった。

東京大学の理学系研究科・理学部には毎年，国内外から多くの学生が参集し，ほぼ同数の学生が学士，修士，博士の学位を取得して，さまざまな分野に巣立ってゆく。日夜勉学に励む学生数は二千名を超える大集団である。学内においては〈自然の仕組みと理を知る〉という，人類の進化を促してきたもっとも根源的な営みに従事していても，経済構造の変化，価値観の多様化など社会の荒波から逃れることはできない。むしろ，複雑化する現代社会において根源的な営みに従事するがゆえに，さまざまな懊悩を抱えることにもなる。

　そこで学生が心豊かな学生生活を送り，逞しくもしなやかな精神をもって生き生きと社会で活躍してゆくように，早い段階で悩みを聞き，関係者とともに適切に助言する活動を続けてきた。この部局内学生支援室の広範かつきめ細かな活動は学内だけでなく，国内においてもユニークなものと聞く。多くの実践例が蓄積した今，これをとり纏め，体系化して出版しておくのは，今後の学生支援の有り様を考える上で貴重なのではないかと考えた。

　ますます混迷する時代にあっても，未来社会を担う若人はしなやかな精神をもって，逞しく巣立っていってほしい。国際性をもって，豊かな文化の形成に貢献してほしい。そして，なによりも丁寧な人生を送ってほしい。そんな願いを込めて積み重ねてきたさまざまな試みを後世に伝えることも本書の重要な役割であると思っている。

理学部発の学生相談に期待すること

東京大学 理事・副学長　小島憲道

　東京大学大学院理学系研究科・理学部学生支援室の運営が2005年4月に開始されてから2010年度で6年目を迎えましたが，現在では4名の支援室スタッフ（2名の専任助教および2名の非常勤スタッフ）が年間100名を超える相談者に対応する体制になったことを心強く思っております。

　東京大学本部としての学生相談に関しては，学生支援体制を強化する必要性から2008年度に学生相談所（本郷，柏），精神保健支援室，企画室，なんでも相談コーナーで構成された学生相談ネットワーク本部を設置しましたが，これにより，学生相談所と保健センターに所属していた精神科との密接な連携が形成されるようになりました。学生相談の内容は大きく分けて，「学業」，「進路」，「対人関係」，「心身」，「教員や保護者からの相談」に分類できますが，これらに当てはまらない事項への対応や身近に相談できる窓口として設置された「なんでも相談コーナー」には，年間1500件を超える相談があります。また，2010年10月には，学生相談ネットワーク本部のもとに発達障害をサポートする「コミュニケーション・サポートルーム」が開設されました。

　東京大学では，2009年度，濱田総長のもとに新しい執行部が発足し，任期6年間の間に達成させる目標である「行動シナリオ」＊130頁参照）を策定しましたが，そのなかの重点課題として「タフな東大生の育成」があります。東京大学に入学してくる学生は極めて多様であり，学生が抱えるさまざまな問題は日本社会の縮図とも言えます。そのため，個々の学生に対応した柔軟で的確な学生支援が必要であります。学部の前期課程において，どこまでも伸びてゆく優

秀でタフな学生には，国際的に通用するリーダーとして育て，東大に合格することが人生の目的であった燃え尽き症候群の学生には束縛された背負いきれない重荷を解いて本来の力を発揮させ，標準的な多くの東大生にはさまざまな価値の多様性に出会わせて偏差値という束縛された価値観から解放し，たくましい人材に育てることが重要であります。

これらのことは，前期課程の問題にとどまらず，学部後期課程および大学院においても共通した課題であります。理学部学生支援室に来る相談内容のなかには，「進学振分けの成績が良かったので，よく考えずに現学科に進学したが，周囲には段違いに優秀な学生が多く，このままこの学科にいてよいか，自分がどのような道に進めばよいかわからなくなっている」という例もあるように，偏差値という単一の価値観が進学振分けにおける進路決定にも影響を及ぼしていることを反映しています。東京大学では他の大学と異なり，レイトスペシャリゼーション（遅い専門化）を学部教育の理念としてきました。これは，教養学部前期課程において，さまざまな分野の最前線の情報に出会い，また幅広い教養を身につけるなかで，自己の適性を知り，進路を選ぶことが重要であるという理念に基づいていますが，残念ながら，進学振分けで学部・学科を選択する際，偏差値という価値観に束縛されているという無視できない現状があります。

ところで，学生相談・支援という観点で眺めてみますと，それぞれの学部の理念と文化があり，学部固有の取り組みと対応が必要と思われます。理学部は他の学部より研究者志向が強く，それだけ学生本人が自己の適正と将来について真剣かつ深刻に考えていると思われます。私事ですが，研究者を目指して入学した京都大学理学部では自己の能力と適正について自問自答を繰り返し，大学院時代には独創性のある博士論文のテーマ探しに1年半を費やし，博士課程を修了したときにはオーバードクター問題という現在と同様の事態に直面しましたが，それらの試練が自己を強くしてくれたと思っております。これらの事柄は，研究者の人生のなかで幾度となく繰り返されることであり，遅かれ早かれ必ず自らが乗り越えなければならない問題でもあります。博士課程を修了した学生はこのような試練を克服してきた人材であり，先行きの見えない日本社会にあって，今後，最も必要とされるべき人材であると思っております。

ところで，大学院理学系研究科・理学部では学生版EMP（Executive Management Program）＊143頁参照 とも言うべき後期教養教育の講義が2009年度より始まりましたが，大学院理学系研究科・理学部の学生にとって重要な試みであると思っています。ギリシアの哲学者エピクロスの著作を収めた『エピクロス〜教説と手紙』（岩波文庫）には，エピクロスがメノイケウスという弟子に宛てた手紙の中に，「未来を恐れないために，若き日に哲学を覚えよ」とありますが，学生版EMPである後期教養教育の講義がこのような役割を果たすことを願っています。

学部にある学生支援室は，現在のところ，大学院理学系研究科・理学部と大学院法学政治学系研究科・法学部に設置されています。学部に設置された学生支援室は，学部・研究科内の文化，ひいては各研究室風土に目配りし，学部・研究科内のネットワークを駆使できるメリットがあります。また，学生のさまざまな悩みに対して早期に対応し，深刻な事態になる前に解決できることが最大の役割と思っています。

大学院理学系研究科・理学部の学生にとって，学部に設置された学生支援室が身近な存在として利用され，今後，他の部局のモデルになっていくことを願っております。

part 1 / 大学と協働して問題解決を支援する

第1章

大学に通う気になれない
不登校・引きこもりの学生の支援

Ⅰ 大学における不登校や引きこもり

　不登校，引きこもりは，学生が大学に出てこない，出てこられないという状態像を示している言葉です。大学に来ないという状況の背景因は，たとえば，アルバイトなど大学以外に没頭していることがある，経済的困窮，健康問題，精神疾患への罹患など，さまざまです。不登校，引きこもりの対応においては，大学に来ない理由を見極めることが大切ですが，昨今は一見深刻な問題を抱えているわけではなさそうなのに，登校が滞ってしまうケースが多くみられます。本章では，そのような学生に対する支援室と理学系コミュニティの対応を紹介していきます。

　そもそも高等教育での不登校や引きこもりおよびその対応については，どのように考えたらよいでしょう。たとえば，大学や大学院に登校しない状態を「不登校」として問題視する必要があるのか，大学，大学院は義務教育とは異なるのだから，登校する・しないは個人の自己裁量，自己責任であり，登校しない状況を過大視することはないのではないか，という捉え方があるでしょう。

　あるいは，大学在学の期間を青年がモラトリアムとして過ごす自己成長・自己形成の時間と意味づけ，彼ら／彼女らがどのような状態であれ自分と対峙しながら過ごしているのであれば，登校や出席にこだわる必要はないのではないかという考え方もあります。

　一方，近年大学のユニバーサル化が進み，大学の「学校化」現象が拡大しています。学士号の資格は，意欲と能力に秀でた一部のエリートが獲得するもの

ではなくなり，大学は「出ておかなくてはならないもの」「普通卒業しておくもの」となっています。社会における高等教育の位置づけが変遷し，学生や保護者の意識も「教育制度からサービスを受ける存在」に変容しています。このように時代や社会の要請もあり，学生も保護者も，大学に求めるもの，期待する内容が変化している時代においては，大学生，大学院生の不登校・引きこもりについても，心理的援助，予防，危機介入など大学側からの積極的な働きかけが要請されていると考えています。

ところで，対人援助職である支援室相談員の視点からは，不登校や引きこもりの問題について次のように考えることもあります。「青年が，一時期不登校状態という時間を確保して，自分のことを深く思索する機会があっていい」「自動的に社会に出ていくより，立ち止まって人生の問題に取り組むときを経るほうが，長い目で見れば有意義ではないか」と。学生の不登校や引きこもり状態を，なんとしても解消しなければならない不適応とだけ捉えず，幅のある多角的な視点でみられるようでありたいと考えていますし，連携する教職員や保護者とも互いにゆとりをもって見守ることができるような支援体制を作りたいと考えています。

そのような思いをもちつつ，矛盾するようですが，可能であれば不登校状態にある彼ら／彼女らが大学コミュニティに戻り，「卒業」「学位取得」といった適応的課題を達成できるよう，あるいは大学や研究室という場で何かしらの人間関係や達成感を経験できるようにとも考えます。そのために現実的対処や時限的制約等にも目配りしたサポートも疎かにしません。

ここでは，大学に通えない学生への対応について，特に教員，職員と連携しながらのサポートを，創作ケースを通して紹介します。（以降，本書に出てくるケースはすべて架空のものであることを，あらかじめお断りしておきます。）

Ⅱ　理学部で実施している不登校への対応

まずは，学科という単位で行っている不登校対応を紹介します。研究室に配属されていない学部2年生や3年生は，不適応に陥っても周囲に気づかれにくいため，学部生の不適応予防，早期発見，早期対応を目的として，教員が継

続的に学生全体の適応に目配りするシステムを整備している学科が複数あります。

　それらの学科では，教員と学科事務とのネットワークにより，大学に来ていない学生や学業，生活がうまくいっていない学生の存在に早い段階で気づけるよう工夫しています。たとえば，必修科目講義や実験・実習等の出欠状況を学科内教員の定例会議で検討し，長期欠席者や講義には出席しているのに成績不振な学生の発見，原因解明に役立てています。出席状況が良好なのに単位が取得できていない学生は，学力不足や発達障害等の背景因をもつこともあり，サポートが必要かどうかを検討するポイントになります。また，学期の区切り目には，全学生の成績を一通り確認し，一定数の単位が取得できていない学生をチェックします。また，学科事務職員は，各種書類の手続きや情報提供のため，窓口で学生と接触する機会が豊富であることを活用し，学生の大学生活をさりげなく観察しながら，気になる情報を教員と共有する役割を果たしています。

　不登校状態に陥っていたり，その兆候がみられる学生には，教務委員[*73頁参照]や学科長など学務担当の教員が面談を実施し，学習面のつまづき，健康問題やその他不適応を抱えていないか目配りしながら話を聞く機会をもちます。このとき，教員面談に支援室相談員が同席し，原因の深刻さや緊急性の程度，今後の対応等について，学生や教員が探索する手助けをすることもあります。

　こうした手厚い密な対応は，講義の出欠をとったり会議で時間を割いたり，頻回学生面談を行ったりと，教員の負担も相当なものですし，「大学生にそこまで手をかける必要があるのか」という見方もあるでしょう。学科の不適応対応の背景にある考えは，各学科によりさまざまですが，ある教員は次のように述べました。「この大学に入学し，うちの学科に進級してきたすべての学生は，基本的にここを卒業できるポテンシャルがあると考えています。だから何らかの理由で不適応を起こしているのであれば，その原因を取り除いて卒業してもらいたいと思う」。またある教員は，「（うまくいっていない学生は）今までは放っておいて退学に至ってしまうことがほとんどだったけれど，こちらがアクションをとったり手をかけると退学にならないことが多いということがわかってきた。だからできることは積極的に行いたい」と述べています。

　以下に紹介するケースは，上掲の学科システムにより教員が当該の学生に出

会い，支援室に紹介した学部男子学生のケースです。

Ⅲ 学科との連携により来談につながった学部生のケース

1．問題解決に向けての支援の経過
1）来談まで

Aさんは，学科教務委員教員との面談を通じて支援室とつながった学生でした。学科ごとの専門教育が始まる2年生の後期から徐々に授業に出席しなくなり，3年前期は4月の学科ガイダンスに出席しただけ，以降はほとんど大学に来ていません。2年後期の単位が半分未取得だったため，3年進級後の5月，教務委員からAさん宛に教員面談の案内を出しました「講義や実験への取り組み方について一緒に相談しましょう」と。しかしこのとき，Aさんからは何の返答もなく，教員は深追いしませんでした。

冬学期10月に入り，再び教務委員がAさんに面談を呼びかけましたがAさんから返答はなく，教員は再度メールを送り，「返事がなかったらご両親に連絡させてもらいます」と伝えました。すると今回はAさんが面談に現れましたが，教員からの質問には何も答えません。困惑した教員が支援室に行ってみないかと誘いかけましたが，やはり無言です。教員からの何度かの問いかけに，ようやくAさんがかすかに頷いたので，教員はAさんの目の前で支援室に電話で連絡を入れました。ちょうど時間が空いていた相談員が，教務委員の居室に出向き，教員には席を外してもらってAさんと2人で話をしました。

支援室の面接は，原則予約制で場所は支援室の面接室を使用することにしています。しかし，登校の機会が乏しく次にいつ会えるかわからない状況の学生や，状態が危機的で早急な対応が必要な場合等，タイミングと状況によっては，学生本人の了承を得たうえで，面談の場所を支援室以外の場に設定し，相談員が出向いて話をすることがあります。ただしその際には，面談場面が人目に触れず，話の内容が外部に漏れ聞こえないような場所を設定するよう工夫しています。

Aさんは「専門に進級してから勉強についていけなかった」「両親には話せず，毎日近所の図書館で時間をつぶしていた」「体調に問題はない」とポツリポツリ語りました。相談員からは，今回教員の呼びかけ面談に応じてくれてよかったとAさんの労をねぎらいました。そして，「大学への登校自体に慣れること」，「復帰の可否は棚上げしたうえで学業面のつまづきポイントを探ること」を当面の目標にして支援室で面接を続けていくことを提案しました。Aさんは「どうにかしたほうがいいんだろうとはずっと思っていた。でもどうしていいかわからなかった」と一言語り，継続面接に同意しました。Aさんが不登校気味になってから，約1年後のことでした。

長期不登校の末にようやく大学とつながった学生や，自主的な来談ではない学生との出会いの場面では，過度の質問や感情に焦点化しすぎた対応を控え，最小限の事実確認と，簡単で具体的な面談目標の提示に留めた面接を心がけます。長らくの不登校を経て，他者と話をすること自体に緊張している場合も多く，面接が脅威とならないようにするためです。支援室で何をするのか，何ができるのか，具体的なイメージを学生がもてるよう，最初は相談員の側から当面の目的を提案して継続来談を勧めることもあります。

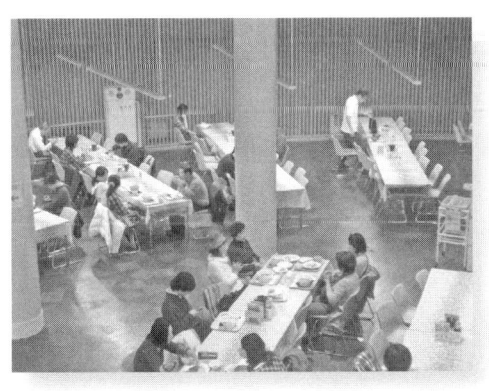

2）支援室に慣れること

最初の数回は，Aさんが支援室という場所と相談員に慣れることを目的として，趣味や，これまでの経歴など，Aさんが話をするのに負担にならない話題を選択して，気軽な話をしました。漫画やライトノベルのこと，好きなラーメン屋のこと，工場めぐりが好きなことなど。不登校の負い目から高校までの友人とも連絡を絶っていたAさんは，約1年間，会話らしい会話をしていませんでした。元来は人懐こい性格であることも相まって，慣れてくるとよく会話しました。しかし，不登校が始まった時期のこと，他の学生となじめなかったということは，話題にするのがつらそうだったので，相談員から詮索することはしませんでした。

3）教員による学業面のサポート

Aさんの安定した来談が続いた頃，当初の目的のひとつであった「学業のつまづきポイントを探る」ことについて考えることにしました。相談員は学習面の助言ができませんので，教員から指導，意見をもらうことをAさんに提案しました。

このとき相談員は，以下のような考えでAさんに教員面談を勧めています。

- 具体的な作業課題に取り組みながら回復を目指すほうがよいだろう。
- 「学科講義についていけない」という言及があったことから，教科科目の勉強を進めることで手応えや自己効力感が得られるかもしれない。

このような見立ては，教員に面談を依頼する際，面談目的として事前に説明し，教員とも共有しておきます。

さてAさんの了解をとり，相談員も同席のうえで教務委員との三者面談を行いました。教員は，Aさんの成績表で単位取得状況と成績を検討し，Aさんに質問しながら，手不得手な科目の明確化や，つまづきがどの時点からどの科目において始まったかの判別等を行いました。Aさんの学科では実験や実習を積み重ねていくことで基礎的な技術，知識を習得し，その後より高度な科目を学習していくという連続的なカリキュラムが組まれています。しかしAさんは欠席過多のため基礎部分が習得できていないうえに，ベースになる数学や物理学について知識不足であることが教員との面談でわかりました。

次に教員は，Aさんに今後の見通しを伝えました。1年留年することは確定であ

ること，来年の4月から本格的に学業に復帰することを目指し，今の時期は基礎のやり直しに注力することが最優先，そのために2年後期の基礎科目の授業に参加してみること，数学と物理の自学習が必要であることなど具体的な助言が伝えられました。

　神妙に教員の話を聞いているAさんに対し，相談員から「何か質問は？　心配なこともあるのでは？」と水を向けると，Aさんから，「この学科でやっていけるか自信がない」「自分のレベルでついていけるだろうか」との不安の声があがりました。Aさんの不安に対し，教員は「大丈夫。これから年末までがんばってみること，年末にまた私が面接をして実力や理解度がどのくらい伸びたか検討しましょう。その時点で，やはりこの学科での勉強が難しそうであれば，次の対案をちゃんと考えます」と応じました。

　教員と学生の面談に相談員が同席する際には，相談員は教員の話を聞きつつ，学生の様子を観察します。そして，学生の側に不安や心配，疑問があるようにうかがえれば，それらを教員に表明できるよう促します。相談員自身が理学の話やカリキュラムについて，初歩的なことでも率直に教員に質問すると，それを見ている学生も気楽に自分の考えや疑問を口にし出す場合もあります。相談員は教員と学生間の疎通が潤滑に図れるよう配慮しながら同席します。

　Aさんは，少なくともこれからの数カ月でなすべきことがはっきりしたことと，学業の専門家である教員から，具体的な見通しを伝えられ，多少卒業に向けての希望をもてたのでしょう，少しばかり元気が出てきたようでした。

　教員の助言をもとに，支援室で具体的な日々のスケジュールを検討しました。2年生科目の授業には，最初は「人が怖い」と恐怖感が生じ参加できませんでしたので，夕方まで大学の図書館で自学習することにしました。リフレッシュには学内のジムで軽い運動をすることにしました。学科の職員は，キャンパス内や事務室近辺でAさんを見かけたときには挨拶や声かけをしているとのことでした。

　支援室では，週に1回の面接を続けながら，Aさん自身が立てた学習スケジュールを一緒に確認していく作業を続けました。Aさんの態度やスケジュールの進み具合から，Aさんのやる気や集中力が途切れがちであると思われたときには，Aさん

と相談員とで相談し，メリハリをつけるために，教務委員に15分程度の面接を依頼しました。教員の立場からAさんの進捗をチェックしてもらい，その後の進行について助言をもらいました。教員から発せられる学問上の実質的な助言や，励ましの言葉はAさんの発奮剤になっているようでした。

2．心理面でのサポート

　Aさんは面接を重ねるうちに，少しずつ不登校に陥っていた時期のことを語り出しました。高校まで勉強で苦労をしたことはなかったのに，大学に入学すると「馬鹿みたいにできるやつ」がごろごろいてショックだったこと。人と一緒にいるのは好きだが，人見知りが激しいため「いつも最初で出遅れて」友人作りに失敗すること，そういう自分を「どんくさい，恰好悪い，みじめだ」と思っていること。自分自身に対する自信のなさから，同輩集団の中で緊張が強くなり，講義や実習などでも集中できず，やる気も起こらなくなっていったことを語っています。自分のことや，自分と他人との関係を語れるようになってきた頃から，少しずつ講義への参加や，会話はなくとも人の中に身を置くことが可能になってきました。

　その後，Aさんは登校，講義出席を再開し，単位取得をゆっくり積み重ねていきながら，結局2年の留年期間を経て，大学院には進まず就職していきました。在学中，Aさんの劣等感は払拭されきれませんでしたし，大学内に友達を作ることもできませんでしたが，高校時代の友人との関係が復活し，アルバイト先にガールフレンドができました。

Ⅳ　指導教員との連携を活用した大学院生のケース

次に大学院生のケースを紹介します。

1．ケースの概要

　修士課程2年生の女子学生Bさんのケースです。指導教員から支援室に電話が入りました。「うちの学生が2カ月大学に来ない。どうすればいいでしょう」と。

　Bさんは他大学から修士課程に入学した学生でしたが，1年の頃から研究室に滞在する時間は少なく，教員は「熱心な学生ではない」とは感じていました。しかし，研究室が大所帯のため遅刻や欠席があってもあまり目立たなかったこと，セミナーの発表などは欠席することなくこなしていたこと，実質的指導は研究室スタッフの助教に任せていたことから，指導教員としては気に留めていませんでした。Bさんは，指導教員，助教と3人で，修士論文の研究テーマに関するミーティングをもった翌週から研究室に現れなくなりました。欠席期間が長引き，スタッフや同級生からのメールや電話にも応じないことから，研究室内で話題になり，指導教員が心配しての来談に至りました。

　Bさんの研究室での様子は，指導教員にわかりかねるとのことでしたので，指導教員の許可をとり，実質的指導者の助教に，改めて話を聞きました。助教が伝えるBさんの姿は，人当たりが好く，穏やかな口数の少ない女性でした。ただ助教が不思議に感じていたのは，Bさんは登校しても研究室の自分のデスクに30分～1時間程度しか着座しておらず，圧倒的に研究時間が少ないこと，また昼休み等，メンバー全員で食事に出ていても，食堂に向かう途中でふらりといなくなってしまうこと，連絡事項のメールをBさん個人宛に送っても返事が来たためしがなく，Bさんに確認すると，「メールは見ました」とあっさり答えることなどです。共通しているのは，周囲から見ると違和感のある言動をとっていてもBさん本人に悪びれる様子が皆無だったことです。けれどもBさんと直接接すると感じがいいので，皆「マイペースな人」と好意的に解釈していました。

相談員は助教の話を聞き，いくつかの仮説を立てました。「学力不足や研究室へのなじめなさ」「発達障害の可能性」。相談員は助教と指導教員に見立ての概略を伝え，前者であれば，教員や研究室としての働きかけや環境調整が有益であると思われること，後者であれば，まずは本人の困り感を特定することが大切だろうと助言しました。

いずれにしても，2カ月連絡が途絶えていること，Bさんが独居であることから，教員から家族に連絡を入れる，ただし事前にBさん宛てにメールで「心配しています。○日までに返事がなかったら両親に安否確認をさせて下さい」と伝えておくことにしました。

Bさんからはやはり返事がなかったので，指導教員から母親に連絡をして，状況を報告しました。Bさんと母親は電話でのやりとりは行っていたものの，不登校の件は母親には隠していました。母親は驚きすぐに上京して，Bさんの自室を訪ねると，Bさんは昼夜逆転気味の生活で，小説を読んだりウェブ上の掲示板やソーシャルネットワーキングサイトに常駐して過ごしていました。母親よりBさんに，教員からの連絡があったことを告げ，理由を尋ねてもBさんの答えは「行こうとは思うんだけど」と今ひとつ，はっきりしません。困った母親が，指導教員に連絡し，指導教員からの勧めで，母親がBさんに同伴したうえで支援室来談につながりました。

相談員がBさんに会った印象と母親からのBさんの幼少期の話も併せると，Bさんには発達の偏りがあるようにみられました。その後，Bさんが研究室で，雑音が気になり長時間滞在するのは苦痛であったこと，文献探し，文章を書くこと，発表すること，実験すること等，研究遂行のうえで，さまざまな困難があったことが明らかになりました。

2．学生とどうつながるか

大学院生には，少なくとも所属研究室内での対人関係が存在しますので，研究室のネットワークが不登校の発見につながります。また，登校していてもパフォーマンスが悪い状態が長く続く，何もせずにぼんやりしているなど，成果や態度の変調に気づくことは可能です。

大学に出てこられない学生の存在に気づいたのち，その学生と支援室や教

員がどのようにつながるかは難しい問題です。多くの場合，不登校や引きこもりの学生は意欲ややる気が低下していることが多く，また自信喪失，悲観的になっている状態で，他者と関わることは，それだけで恐怖や極度の緊張を引き起こすこともあるでしょう。そのような学生とつながることを考える際には，初めに「キーパーソン」「学生自身の困り感」を見つけることを大事にしています。

学生に対して影響力のある人物は誰か，この人の助言であれば耳を傾けてくれるかもしれないという存在を特定し，その人物から相談機関への来談を勧めてもらうと奏効する場合があります。教職員であれば，指導教員や学科長といったある程度の権限をもった人物のほうが影響力がある場合もありますし，あるいは日常的に指導をしていた助教や技官，秘書などの身近な人物のほうがよい場合もあります。研究室の先輩や学科の同輩など年齢が近いほうがサポートを受け入れやすいという心理もあるようです。

来談を勧める際には，本人の「困り感」はどこにあるかを探って，そこに焦点化することで，本人の気持ちが来談に傾くこともあります。たとえば，「昼夜逆転生活で朝起きられない」「レポートが書けない」「論文の構成がまとまらない」「実験結果が出ないが次案が浮かばない」などはよく挙げられる訴えです。推測される学生の「困り感」と対処法をセットにして提示し，「今より少しでも楽になるための相談」を学生に提案することで来談につながる場合があります。

3．面談を継続すること

相談員は，学生と対面した初回面接，もしくは教員から情報を得た段階で，その学生とつながるためのテーマ，場面，支援者の別などを見立てることから始めます。その学生の「根幹の問題」「現実対処を要する問題」「学生の困り感に基づく問題」等について，情報収集をしながら仮説を立てていきます。

「根幹の問題」に関する見立ては，学生との出会いの段階では，ほぼ相談員の経験値や心理学的専門知識，観察に基づく推論でしかありません。その学生が心の深いところに抱えているかもしれない問題，たとえば劣等感，過剰な自己愛，対人恐怖等に関する見立てです。この段階では多くの場合，相談員の直感，職業的勘レベルのものですので，学生個人や連携者に伝えることはありま

せん。しかし，おおよそでもこのような見立てをしておくことで，その学生の人生までを含めて見ていく姿勢が保たれると考えています。

次に，「現実対処を要する問題」については，たとえば，在学年限や取得単位数，論文関連の手続き，経済的問題や心身の症状等に対処する必要があるかどうかの見極めと，その緊急度の判定です。たとえば，重篤なうつ状態に罹患しているようであれば，受診の算段を立てなければならないとか，経済的に困窮している状況なのに保護者に事情を隠している等の事態です。

最後に，「学生の困り感に基づく問題」は，学生が自覚的に困っていると認識している問題の中から，取り組みやすい，受け入れやすいであろうと思われる問題は何かを考えます。理学系学生の問題の大半は「研究・学業」「対人問題」「進路問題」「心身問題」の４つの領域に集約されること，それぞれの問題が独立して個人の中に存在するわけではなく，１人の中にこれら４つの領域の問題をすべて，もしくは複数抱えている場合が多いことがわかっています。４つの問題は相互に関連しており，ある領域の問題が別の領域の問題に作用して悪循環が加速的に増し，結果，不登校やひきこもりに転じていることがあります。

いくつもの問題が絡み合い，悪循環に陥って動きが停滞しているように見える場合は，山上[1]が指摘するように，今少しでも取りかかりやすそうなところを見つけて，できることから手をつけていくという姿勢で，４つの領域のどこからでも動かしやすそうな面を探してサポートを開始します。「教員と研究進捗のスケジュールを立てること」「他人と世間話をする練習として支援室に週１回30分通う」等，学生が沈滞した状態から動きを生み出せるような関わりを模索し提案して，学生の合意をとりつけられるように工夫します。

４．教職員の専門性に基づくサポート

不登校やひきこもりの学生とつながり，支援を続けていく際に，教員や職員は大切なパートナーです。不登校，ひきこもりへの支援における教職員は，「学業・研究上の助言者・指導者」「事務・学務上の情報提供者」という役割以外に，「世界や社会の窓口」として学生に多様な価値観，生き方を示してくれる１人の大人，あるいは人生の先輩でもありえます。また学科や研究室の環境調整を行い，

学生が大学生活に戻りやすい場をしつらえてくれる「コーディネーター」であったり,「見守り役」として関わったりと,その役割は重層的です。教員や職員の自然で計算されない対応や素朴な温かみが,学生たちにとってよい影響をもたらすこともあります。

ある理学系教員は,学生との面談時に留意していることとして以下のようなことを挙げてくれました。

・ネガティブな要素,今現在できていないことにはあまり言及しない。
・将来に希望をもたせる。
・過去よりもこれからのことに対して前向きなストーリーを想定する。
・学業や卒業までの道筋について,優先順位や力の入れどころを明確に伝える。
・本人のスタイル(ペース,性格特性等)を尊重する。
・教員側から提供できる具体的なサポートや協力体制は明示し即応する。
・いろいろな人生がある,回り道もOK。

別の教員は,学生の様子を見守る時期と(教員側が)アクションを起こす時期について限界点を見極めること,必要を感じたら教員側から積極的に関わっていくことが不登校対応のポイントだと述べています。内容や媒体にはこだわらないが,コンタクトをとり続けること,きみのことを気にしているよとメッセージを送り続けることにしているという教員もいます。個々の教員がそれぞれのキャリアや信念を背景に,学生対応についての哲学やコツ,工夫のアイディアをもっています。教員の知見はコミュニティの文化や歴史に根ざし長年の経験のもとに培われてきた貴重な資源です。部局の個々の教員の中に埋め込まれているこのような豊かな資源を,コミュニティで共有させてもらうことも支援室の仕事だと言えます。

今後の課題

本章では,不登校の支援において教職員の知見と相談員の専門性とを融合させたチームアプローチによるサポートが有効であるというケースを紹介しまし

た。

　今後の課題として，家族との協力体制をどのように築くか，チームアプローチにおける個人情報の扱い，予防対策等の問題が挙げられます。コミュニティで教職員，相談員が，それぞれの立場で学生を見守りながらサポートしていく支援のあり方は，理学部でもまだ試行し始めたばかりです。これからもいっそうの工夫や改善の余地があると考えています。

（榎本眞理子）

文　献

1）山上敏子（2007）方法としての行動療法．金剛出版．

●コラム・部局とは？

　東京大学は，10の学部（法学部，医学部，工学部，文学部，理学部，農学部，経済学部，教養学部，教育学部，薬学部），15の研究科（人文社会系研究科，教育学研究科，法学政治学研究科，経済学研究科，総合文化研究科，理学系研究科，工学系研究科，農学生命科学研究科，医学系研究科，薬学系研究科，数理科学研究科，新領域創成科学研究科，情報理工学系研究科，情報学環・学際情報学府，公共政策大学院）を中心に，多数の附置研究所やセンターによって構成されています。

　部局とは，これらの組織がいくつかまとまってできたもので，予算・人事などの重要事項について自主性をもつ組織としての単位のことを指します。本支援室が所属する組織は，理学部・理学系研究科としてひとつの部局を成しており，ここには有名な小石川にある植物園なども含まれています。

　また，理学部は10の学科（数学，情報科学，物理学，天文学，地球惑星物理学，地球惑星環境学，化学，生物化学，生物情報科学，生物学），理学系研究科（大学院）は6の専攻（物理学，天文学，地球惑星科学，化学，生物化学，生物科学）から構成されています。本支援室はこれらの組織に所属する学生の相談を受け，教員や保護者へのコンサルテーションを実施しています。

（末木　新）

第2章

進むべき道が決められない
進路選択を支える

Ⅰ 理学系固有の進路問題

　適応的で主体的な職業選択，人生設計を行い，社会の海へと乗り出していくことは，青年期の若者にとって，大切な発達課題です。しかし，近年経済不況による就職難が続く日本では，若者にとって，自らの内的作業としての進路決定以上に，時代から強制された職業選択の困難，不自由さにどう対応していくかが課題になっています。理学系学生も例外ではありません。超就職氷河期と言われる社会情勢に直面し，就職活動，職業選択に苦悩している学生の姿が支援室でも多く目にとまります。

　そのような時代をどう突破していくかという課題に加え，理学系学生の進路選択にはある固有の問題がみられるように思います。それは自分の将来の職業を考える際のベースラインとして，まず最初に行う選択，「研究者」「非研究者」の択一の決断をいつ，どのように行うかという問題です。

　理学は基礎研究が主体となる学問であることや，母体の東京大学自体が研究大学の機能を負っていること等の理由から，理学系学生の中には，大学入学時あるいは専門課程進学時点ですでに，将来の進路に関し「研究者」「科学者」になることを明確に意識している場合が多くみられます。学部生は自動的に修士課程に進学することがあたり前であり，修士課程学生の5割強は博士課程に進学する進路状況からも，「研究者」，強いて言えば「常勤大学学術職（アカデミック・キャリア）」の志望度が比較的濃厚なコミュニティだと言えるでしょう。

　しかしながら，昨今「ポストドクター問題」として喧伝されるように，博

士号取得後も安定した常勤学術職に就くことができる人数は極めて限られているのが現状です。国の大学院重点化政策に伴い博士号取得者は増加しているものの，研究職のポスト数はそれに見合わず，アカデミアの労働市場では，需要と供給のバランスが崩れています。博士号取得者の就職先は，学術職では収まりきれませんので，一定数は，他分野の学問領域への進出や，企業・官庁・学校教育などの職種へのキャリア変更を余儀なくされるのが日本の現況でしょう。

昨今の高学歴キャリアパスの難航ぶりは，学生も耳にしていますので，学部3～4年生や修士課程1年生の間など比較的早い時期に「研究者」以外の進路のことを検討する学生も増えているようです。しかし一方，理学系の学生が，自身の有する資質や能力，性格特性を最適に活かせる職業について考えると「研究職」に終着せざるを得ない，そこに執着してしまうという実態もあります。

「ハイパー・メリトクラシー（超業績主義）社会」と表現される現代社会で求められる能力は，従来の標準的・適応的な能力に加え，「状況や場面に応じて課題を個性的・創造的に仕上げ，対人スキル，人的ネットワークも駆使する力量」であると言われます[2]。現代の産業界では，理学系学生が有する，勤勉性，努力を継続する力，忍耐力，論理的思考力，分析力，緻密さ，禁欲性といった能力とは，ある種異なる特性が要請されることも多く，社会に向き合おうとする理学系の学生をひるませます。結果，「研究職」への執心が強化されることにもつながるようです。また，自己実現という視点から見ても，「科学者への夢」「好きなこと（研究）を仕事にする」希望をもって日々邁進している学生にとって，進路転換や客観的分析が必ずしも容易くできるわけではありません。

理学系学生の悩みの中で最も多かったのが「将来への不安，進路への葛藤」であったことからも，学生の苦悩が見て取れます。（2007年度学生支援室アンケート調査より）。岩崎[1]は，「早期決定型の理系キャリア形成の特徴」として，理系研究者を志す者の進路決定のプロセスと心理的困難の特徴を表1のように示していますが，理学系学生の中にも，このプロセスに合致する学生が少なくありません。

本章では，理系研究者キャリアパスにまつわる進路問題について，教員との連携によるサポート例を紹介します。

表1　早期決定型の理系研究者キャリア形成の特徴（岩崎[1]をもとに筆者が改訂）

時　期	キャリア形成の特徴
大学入学前	【決定期】 ・早い段階における進路決定ゆえの固定状態（揺らぎなし） ・興味・関心に裏付けされた適性の見極め ・研究者になるための進路選択に対する努力
学部・修士課程	【安定期】 ・学問中心の生活 ・迷いのない大学進学
博士課程	【覚悟期】 ・進学と就職の自己選択（最初の揺らぎ） ・奨学金・研究費受給による研究者評価への直面
30代前半PD	【不安定期】 ・競争による奨学金・研究費の獲得（経済的保障） ・常勤職に就くことの不確実さ ・企業などの一般労働市場の閉鎖性と限定された就職情報
30代後半PD	【諦念期】 ・生活への不安 ・学術職以外に進出する可能性の減少 ・惰性に陥る危険性

Ⅱ　「自分は研究者の器か」不安に襲われた大学院生のケース

1．ケースの概要

これは，研究者になることを自明のこととして邁進してきた学生が，博士課程の途中で自信喪失状態になり，キャリア変更の葛藤にさいなまれて来談したケースです。

Cさんは博士課程2年生の男子学生です。専門にしている学問が好きで好きで，憧れていた研究者が東大在任だったため，その教員のもとで研究を続けたいと，修士課程から入学してきました。周囲の東大生は，確かに優秀だとは思いましたが，彼らの能力そのものよりも，努力の仕方が半端ではないと感銘を受け，そのような仲間の存在も刺激になって，ひたすら研究に没頭しました。毎日深夜まで研究室に

残り，生活はほぼ大学と自宅の往復，学術振興会の研究費を受給していたのでアルバイトをする必要もなく，大方の時間と労力を研究に注ぎ込んでいました。そのことが幸せでした。

　博士課程進学後の1年次，修士時代の結果をもとに論文を1本出すことができました。しかし，そこから先，行き詰まってしまいました。アイディアはいくつか思いつき，そのときはハイになるのですが，そのアイディアが結果に結びつかずに激しく落ち込む，この繰り返しで1年以上論文を出せない状況が続いています。指導教員は熱心に相談に乗ってはくれますが，博士の学生には一研究者としての自立を促すという教育方針もあり，研究自体は自力でブレイクスルーするしかありません。

　精神的に徐々に追い詰められていったCさんの目に留まるのは，「高学歴プア」「ポスドク問題」といった，理系研究者の進路にネガティブな見通しを伝える情報や，「就職超氷河期」と言われる昨今の情勢です。また修士課程で卒業して民間企業に就職した同期のその後の活躍も耳に入ってきます。研究者になること，一生この分野の研究を続けながら生きていくことがCさんの夢でした。それ以外の道を考えたことはありません。けれども最近不安で仕方がない。研究室のスタッフである助教との世間話の際，助教が何気なく口にした「この世界は潮時の見極めが大事だよね」の言葉が直接のきっかけで，「学位が取れるのか」「自分はアカデミアでやっていける器なのか」「このままいけば生活保護をうけるしかなくなるのでは」といった考えが浮かんできます。研究が手に就かない日々が続いていたCさんは，「学位は何とか指導教員にすがりついてでも取得するとして，博士課程新卒で就職するならもう活動を始めなくてはいけないのでは」と思い立ち，いてもたってもいられなくなって支援室に来談しました。

2．精神的安定を取り戻す

　Cさんの葛藤は，研究の停滞により自身の能力・資質への懐疑心がわいてきたことに加え，これまで意識的か無意識的か，直視せずにやってきた，アカデミアポストに就くことの困難さが現実味をもって認識されたことによって引き起こされたと思われます。Cさんにとって「研究者」になることは長年の夢であり自明のことでした。その堅固であたり前であった世界が根本から揺らいでしまったのですから，精神的に不安定になってもおかしくないでしょう。

相談員は，Cさんが人生においてクリティカルな転機を迎えており，その時機をひとりでよく耐えていることを労うとともに，他の多くの学生も直面する問題であることを伝えました。

それまでの人生，順当に歩みを進めてきた優秀な学生の中には，悩みをもつこと，あるいはその悩みを他人に相談することに羞恥心をもち，自己卑下的になることも多いものです。相談員から，「問題に向かい合うのは積極的な対処であること」「むしろ今というタイミングで問題に遭遇できたことは幸運だったこと」等，悩むことや相談行為を肯定的に意味づけ，積極的，建設的な対処であることを伝えます。葛藤や揺らぎを体験すること，そのことについて他人の手助けをもらうことへの学生のネガティブな感情が緩和されてはじめて，腰を据えて問題に取り組めるようになります。

3．研究生活の振り返りと情報収集

Cさんは，生活のリズムは崩したくないとのことだったので，これまで通り研究室登校は続け，ただし，帰宅は通常より数時間早めることにしました。支援室には週に1回来談し，進路の捉え直し作業を行いました。

Cさんは，長年抱いてきた専門への思い，研究者への憧れとその来歴，大学院入学後の研究上の躓きとその辛苦等々，さまざまなことを語りました。これまで考えたこともなかった，結婚や老後のことまで話題に出てきました。研究者になることを自分の使命として，脇目も振らず前進してきたCさんが，自分のことを振り返る貴重な時でした。

それまでの人生で，大きな葛藤や迷いを経験せずにきた学生にとっては，自己の内面や来歴の振り返り作業が，過去の自分と現在の自分をつなぐ機能を果たし，そのことにより一貫した自己を感じて落ち着きを取り戻すことがあります。

このように内省する時間をもちながら，一方で，Cさんには，研究者以外の職業，進路としてどのような職種や道があるのか，現実的で具体的な情報収集も並行して行いました。相談員からキャリアサポートセンターという学内の就職支援機関を紹介したり，会社説明会の情報提示なども行っています。

また相談員からは，博士論文提出の期限や就職活動の開始タイミング，もし決断

がつかず在学年限を延長することになった際の経済的工面の方途など，時間軸や現実面での作業も話題にしました。また，Cさんが現実検討もできるだけの自我の強さをもっていると相談員が見立てたうえのことですが，学生よっては内的作業に専念し始めると，現実面での作業にまで手が回らなくなったり，時間的展望がもてなくなったりすることもあります。学生のストレス耐性の強度を図りながらバランスを取って対応していきます。

4．研究能力の見極めに教員の力を借りる

　Cさんは「学者になり，自分の研究室を主宰できるようになるのは至難の道」だと改めて認識しました。一方，学術職に就くことの厳しさについて冷静に理解したうえで，それでもCさんは研究に携わっていきたいと語りました。その語り口には，それまでにない確固とした力強さも感じられました。

　さて，Cさんは最終的に覚悟を決めるため，第三者から見た自分の「研究能力」の程度を知りたいと考えました。支援室には相談員のほかに，部局の各専攻から1名以上の教員が選出され，学生や相談員からの要請を受けて運営委員として相談に応じています[*57頁参照]。相談員はCさんに対して，指導教員もしくは支援室運営委員の意見，助言を聴いてみることを提案しました。

- 指導教員から，Cさんの専門能力，研究センスやパーソナリティの面から研究者への適性について助言してもらう。
- Cさんの専攻の支援室運営委員より，Cさんの従前の業績という客観的指標をもとに業界全体を鳥瞰した視点からCさんの適性について意見をもらう。

　Cさんは，提案を受け，両方の教員から意見を聴きたいと希望しました。2人の教員への相談を終えて，Cさんは現時点での決断を下しました。「このまま研究者をめざします」。指導教員から「正直にいえば五分五分だろうと思う。この道でのセンスはいい線いっていると感じている。しかし，アカデミアでの就職は保証できないので，君の人生を考えると積極的にはこの道を勧めることはしないよ」と言われたそうです。「なんとなくそうかなと思っていた通りのことを言われました。踏ん切りがついた。心残りがないようにやってみたい。また自分の能力の限界を直視

しないといけないときが来ると思うけれど」と言って、Cさんは支援室での相談を終え研究に戻って行きました。

Ⅲ 「研究者をあきらめたら何もなくなった」と来談した学部生のケース

1．ケースの概要

　これは、"将来は研究職に就く"と疑いをもたずに進んできた学部4年生の男子学生が、自分の能力に自信をなくし別の進路を模索しようと来談したケースです。

　Dさんは、物理の高校教諭であった父親の影響で、幼少期より科学に親しんで育ちました。都内の中高一貫有名進学校の出身でしたが、その環境内でも理系科目には得意意識をもっていたこともあり大学入学時には「理学の研究者になる」と決めていました。大学進学後の学業成績もよく、専門課程に進学するときも、友人が学部選択[*169頁参照]に迷っている中、基礎研究を行いたいという気持ちが揺らがず理学部進学を即決しました。

　さて、希望に胸を膨らませながら専門課程に進んだDさんでしたが、1年が経過した頃から、「自分は研究者には向いていない」と考えるようになりました。同級生の中には「桁外れにすごいやつが何人もいることがわかったから」です。「自分はこの分野では研究者になんかなれない」「自分は大したことのない人間だ」とDさんの自信は一転、劣等感に転化してしまいました。進路についてあまり深く考えずに「研究者」と決めていたため、それ以外の選択肢がまったく思い浮かばず、就職活動を始めて就職したほうがいいのか、このまま修士課程に進むか、別の分野に専門を変えるか、「どうすればいいのかさっぱりわからなくなった」と4年生の4月、意気消沈して支援室に来談しました。

2．喪の作業

　相談員は当初、Dさんが味わっている劣等感、苦痛に焦点化して話を聴きました。

Dさんの劣等感から引き起こされる自己嫌悪の情は強く，なかなか気持ちを立て直すことができず，進路に関する現実的な検討はできないまま，数カ月が経過しました。

　自分の理系能力や資質の高さに自尊心のほぼすべてを依拠させてきた学生の中には，専門課程に進学後，自分よりも卓抜した才能をもつ他の学生の存在（どの分野においても特異的に秀抜な学生が数名はいるものです）を目の当たりにして，自己のよりどころをなくしてしまうような体験をします。その状態からいかに再起するか，回復のプロセスは，ショック，否認や現実への没頭，抑うつ，受容といった一種の「喪の作業」ともいえるでしょう。

3．適性の見極めと情報探索

　Dさんの挫折感や寂寥感を共感的に聴きながら，少しずつ中高時代の生活状況を整理し，Dさんが早期決定型の進路決定をしていたことを確認しました。勉強としての理系科目が際立って得意であること，総体的な学力の高さなど外的要因により，あまり深く考えずに「研究職」と結論づけていたけれども，「自分のもち味は何か」「研究職への適性はあるか」「専門の学問への思いはどの程度か」など，自分の志向性や熱意に関しては検討していなかったのではないかということにDさんは気づいていきました。相談員からは，研究職イコール大学の教員という程度の漠然とした認識しかもてていないようであることを指摘し，「研究職に向いていない」と現時点で可能性を捨ててしまう前に，今一度，研究職，研究者の実態を調べ直すことを提案しました。並行して，Dさんの興味関心やもち味，能力が，研究職以外であれば，どのような分野，どのような職種に適合するのか，幅広く検討するためにキャリアサポート室や学科の就職情報室を利用してみることを勧めました。

　Dさんは熟慮しつつ自分としての納得や手ごたえを得ながら物事を進めていくよりも，つぎつぎに行動していくフットワークの軽さや切り替えの速さがもち味のようでした。ですので，Dさんが進路に関する情報収集のプロセスを楽しめるよう，相談員はさまざまな人に会って直接話を聴きながら情報を得ていくやり方を勧めました。Dさんは，学業の合間を縫ってサークルの先輩である博士課程在籍中の先輩に研究職の生活について尋ねたり，キャリア支援のカウンセラーと自身の適性について話し合ったりと活発に動きました。

相談員は，学生の性格や傾向，ストレス耐性や社会性の強度や対人スキルの成熟度を見ながら，できるだけ学生の特性が活かされ学生の負担が少ないようなアプローチの仕方を工夫して提案します。

4．意思決定まで

学生によっては，問題状況の整理とこれからなすべきことの理解が得られた時点で，「あとは自分でやります」と来談を終結する場合もあります。しかし，アイデンティティが未確立であったり，混乱状態が強く表れている学生は，方途のみを示されても行動に移せなかったり，収集した情報ゆえにさらに混乱が増強することもあります。その場合は，支援室での面接を継続しながら，得られた情報の取捨選択や，意味づけや，方向づけを相談員がともに伴走して行うことを提案します。

　Dさんも，収集した情報を自分の中でまとめたり取捨したりすることが難しく，情報収集すればするほど，進路に関する考えが拡散していきそうな様子がうかがえました。そこで，Dさん自身の活動に並行して，2週間に一度支援室での面接を継続し，得られた情報や選択肢として浮上してきたアイディアについて，Dさんの考えや印象を言葉にして相談員に説明することで，自分の意向を絞っていく作業を行いました。支援室を基地として動き，支援室に戻ってきては，得られた情報を相談員と吟味し，次の作戦を練るといった面接を続けました。

　Dさんは大学主催の合同会社説明会で見聞したある民間企業への関心が強まり，その後，夏休みにその会社のインターンシップを経験しました。そして，理学の学問は一通り学びたいと修士課程に進学し，新規採用でその会社に入社することを目標に定めました。

Ⅳ 「出産と研究の両立って可能?」博士課程進学をためらう女子学生のケース

1. ケースの概要

これは,修士課程入学時に結婚した女子学生が,博士課程に進学すれば生じるであろう出産と研究の両立を懸念し,進学を迷って来談したケースです。

Eさんは修士課程2年の女子学生です。3歳年上の夫は社会人で,Eさんが研究を続けていくことには賛成していますが,第一子は数年以内にもうけたいと願っていました。Eさんも同じ考えでしたが,博士課程在学中に出産,育児を経験し,研究と同時に進めていくことには大きな不安がありました。と言うのも,Eさんが所属している研究室では,毎日大学に通って長時間の実験を求められる環境でしたので,出産や育児のために,自分だけ研究ペースを変えるということが,周囲にどのように作用するのか,そもそも個人のプライベートな都合を指導教員が認可してくれるのか予測がつきませんでした。また実験に使用する試薬には危険性の高い劇薬品も含まれています。妊娠を考える身で,そのような環境で研究を続けていくことにも不安がありました。指導教員はEさんが博士課程に進学するものと確信しているので,進学自体を迷っていることについて相談しにくく,博士課程の願書提出期限が近付いてきた頃,支援室への来談に至りました。

2．指導教員との相談，環境調整

Eさんは，支援室で自らの状況や気持ちを説明しながら，「やっぱり私は研究を続けていきたいんだと実感しました。でも子ども体力のあるうちに考えたい」と意思を明確化していきましたが，具体的な対応策は決めかねていました。

研究と出産，育児の両立には，研究室の指導教員による協力が不可欠です。指導教員の理解が得られそうになければ，出産後も研究を続けていくためのほかの手段を検討する必要もあります。Eさんと相談員は話し合いのうえ，指導教員に率直に相談しEさんの出産後の研究継続の実現可能性について意見をもらうことにしました。しかし実際のところ，大変な情熱をもって研究に臨んでいる指導教員が，Eさんの申し出にどのように反応するか予測がつかない面もある，とEさんは若干の不安をもっていました。

そこで相談員から，支援室運営委員で，専攻は異なるものの子育てをしながら研究者を続けている女性教員に話を聴いてもらい，研究室を運営する指導教員の立場からの意見と，加えて博士時代の経験について，教えてもらってはどうかと提案しました。Eさんが運営委員との面談に賛意を示したので，Eさん，運営委員，相談員の3人で面談を実施しました。運営委員の教員からは，指導教員の反応，Eさんの研究展望についてポジティブな意見をもらい，かつ運営委員から指導教員への口添えを提案されました。

そこでEさんは，自ら指導教員への相談に踏み切り，博士課程への進学希望とともに出産育児の願望も指導教員に伝えました。指導教員は驚きつつも，Eさんが子育てをしながら研究を続けていくことには全面的に応援したいと，いくつかの対処案を提示してくれました。Eさんはどの時期に出産し，どのように研究を続けていくかの選択は現時点では保留にし，その都度，指導教員や研究室のスタッフとすり合わせて最善の策を取っていけると思えるようになりました。

Eさんのケースでは，女性ならではの進路選択上の迷いに関する支援室のサポートを示しました。理学系における女子学生数は全体の1割ですが，支援室来談率においては，少数派である女子学生のほうが男子学生の3倍以上の高さです。女性のほうが，援助要請に抵抗が少ないという背景因もあるでしょうが，それだけ，理学系の中で女子学生が身近な相談相手やロールモデルとなる存在

を見つけにくいという事情もあると考えています。

　進路選択においても，女性が固有に抱くキャリア形成上の困難，職業決定上の不安が，指導教員や部局の教員システムに届きにくい面もあるかもしれません。そういった悩みや声を，学生とともに，あるいは学生に代わって教員に伝え，理解や協力を求めていく手助けをすることも支援室の仕事だと考えています。

　また，女性が出産や育児で研究者キャリアを中断しなくてもよいように，大学内でも多様な支援プログラムの提供，啓発が行われています。理学部には，研究者として活躍する女性教員も数は少ないながら存在しますし，学内には女性研究者支援相談室という相談機関も設置されています。支援室相談員がこのような援助資源の情報を細やかに収集し，適切に提供することも，女子学生の進路選択における間接的なサポートにつながると考えています。

Ⅴ　理学系ならではの進路問題を支える

　本章では，「研究者」という職業を志望する学生の進路選択にまつわる問題を中心に，教員からの協力を得て支援を行ったケースを紹介してきました。

　先述のとおり，大学生，大学院生は誰もがその人生において，自分に適した職業や進路を選択し社会に出ていくという「移行期」の段階にあることは共通しています。そもそもが，ライフコースにおける転機に直面している年代なのですが，若者が一般的に体験する転機に加えて，理系研究者をめざす学生の中には，もうひとつ複線の転機を体験することがあります。理系研究者としての成功可能性に明るくない兆候を見出したとき，心理的混乱に対処し，自分を取り戻すこと，場合によっては新たなキャリアパスへのスイッチを自らに課すという転機です。そのとき味わう自尊心や自己肯定感の低下は，逼迫したものでしょう。進路模索の過程で経験するそのような心理的危機は，研究者を目指す理系学生に限らず，たとえば芸術を学んでいたり，ある職業に就くことを意図しながら努力している若者たちが，その過程で一度ならずとも直面することかもしれません。その危機を乗り越え，自らのアイデンティティや価値観を再構築，再確立できるよう学生をサポートしていくことが支援室の大事な役割です。

　就職を目指す理系学生へのサポートにも触れたいと思います。理学系の学生

たちは，大学生活の大半，実験や研究に専心します。そのため，余暇に費やせる時間はそう豊富ではありません。就職をしようと準備を始める学生の中には，アルバイト，趣味，対人関係，旅行やボランティアといった課外活動における経験値が豊かでないことに引け目を感じ，かといって研究職を目指している学生ほどには研究に打ち込んでいたとも自己評価できず，「アピールできることがない」と途方に暮れる人もいます。はたしてそうなのだろうか，理学系で学び，実験や研究に勤しんだ中で，自身も意識しないままに習得されているであろうさまざまな力，能力に目を向けてみよう，自信をもってみよう，と面接の中でエンパワーすることもあります。

あるいは，職業選択の際に，理系学生特有の生真面目さで，適正や条件にこだわりすぎると思われるときには，人生における偶然性に身を任せてみるおおらかな姿勢，自分のやりがいだけではなく自分が貢献しうることに目を向けてみること，チャレンジ精神など，別の価値観を提示してみることもあります。こういったことを，相談員が担う場合もありますし，先に事例で紹介したように，教員に依頼して話をしてもらう場合もあります。そのようなときに教員が，多忙な時間を割いて，ただ1人の学生のためだけに発する言葉は，内容の如何に関わらず，ある種の熱と重みをもって当該の学生に届いているように見えます。支援室相談員や理学系教員が大事にしているのは，進路選択や就職活動を実質的に成功させるためのハウツー的なサポートではありません。苦難に遭遇してもまた乗り越えていけるよう，応援されているという心強さを実感できるよう，学生を下支えすること，エンパワーすることで力になりたいと考えています。

（榎本眞理子）

文　献

1) 岩崎久美子（2009）ポストドクターの現状について―インタビュー調査結果から見る課題．（国立教育政策研究所・日本物理学会キャリア支援センター編）ポストドクター問題―科学技術人材のキャリア形成と展望．世界思想社．
2) 本田由紀（2005）多元化する「能力」と日本社会―ハイパー・メリトクラシー化のなかで．NTT出版．

第3章

研究室の人間関係になじめない
研究室内対人関係の調整

Ⅰ　研究室における対人問題

　理学系に限らず自然科学系の学問領域で学ぶ学生の生活は，時間的にも精神的にも「研究」「実験」を中心に回っていることが多いようです。「研究」「研究室」にまつわる悩みが発生しやすいのは，当然といえば当然です。それらの悩みは多くの場合，研究室内の指導教員，先輩や同輩との対人問題として表出します。軽いもめごとやコミュニケーションの食い違いとして日常範囲で解消されていればよいのですが，研究室という凝集性の高い小集団がもつ構造的要因が影響し，問題が複雑化，深刻化したり，場合によっては長期化することもあります。

　まずはじめに研究室内対人関係が問題化してしまう背景因について考えてみましょう。

1．長時間ワークと凝集性

　数学や理論物理など理論系以外の学問領域では，実験や観測，観察のために，種々の機材や測定機器，被験動物や薬品等の使用が必須です。そのため大学や研究所等でしか研究作業を進めることができません。また，観測や実験作業の手続き上数週間休みなく登校したり，1日10時間以上研究室に滞在せざるを得ない状況も頻出します。また，チームプロジェクトで研究が進められることも多く，個々人が単独で研究に取り組む場合より必然的にメンバー間の関わりが緊密になります。このように連日それほど多くない数の人間が，特定の場所

で非常に長い時間を過ごすのですから，メンバー内で時には対人面でのほころびや齟齬が生じるのも自然なことでしょう。

2．研究室の構造的問題

　研究室が抱える構造的な問題として，研究室がある種の密室的閉鎖的な様相を呈した場であることが挙げられます。研究室は主宰する教員の自治で管理運営されていますが，原則，他の教員が別の研究室の運営方針や規範などに口を挟むことはありません。研究室内で何らかの問題が発生した場合，内側のメンバーが相互見守り，配慮で早めに気づき早期対応できればよいのでしょうが，実際には困難なようです。内部の人間は同一の目的意識をもっていることが多く集団内を客観視することができにくかったり，集団内の力関係や権力構造が作用することもあるからです。

　理学系では副指導教員制度を設けたり，専攻内でレクリエーションの機会をもって研究室間交流を図ったり，複数の研究室で合同セミナーを開催するなど，部局，専攻としての風通しをよくするために工夫しています。しかし，ある研究室内の問題に関して，研究室外部の人間が速やかに指摘，介入できるかというとそれはまた別の問題のようです。

　また，研究室の運営は，主任教員の研究領域，指導スタイルや教育方針，性格特性や志向性，その他，研究室の構成メンバー数など多様な条件に由来して決定されます。そのため非常に個別的です。個別性の実態は，実際に研究室の内部に所属してみないと把握できない面もあり，特に他の大学から進学してきた学生にとっては予想外の異文化体験となることも多いようです。

3．高等教育政策による影響

　国の大学院重点化政策により1990年代以降大学院生の数は倍増していますが，それに応じて教員数が増加したわけではありません。また，2004年の法人化以降，国立大学の管理運営業務が大学教員のもとに委ねられました。その結果，教員の職員化と呼ばれるほど研究や教育以外の教員の仕事が増加しています。さらに，自助努力による研究資金の調達や，自然科学系においては先端科学技術の国際競争激化などに応じるべく，教員の多忙さに拍車がかかってい

ます。これらのことは，研究室運営や一人ひとりの学生指導について，教員が十分な時間と労力をかけることが困難になりつつあることを意味します。

Ⅱ 研究室内の対人問題あれこれ

それでは，研究室内で生じる対人問題には具体的にどのようなものがあるのでしょう。

1．指導教員と学生のミスマッチ

研究室はボスである主任教員のリーダーシップにより運営されます。主任教員は，学生の研究テーマや論文投稿先の選定，学位認定，就職や留学の推薦等，さまざまな範囲にわたっての権限をもちます。先述のとおり，各研究室が有する独自の風土や文化には，ボスのパーソナリティ，指導パターンや教育方針が大きく影響しています。学生にとって，ボスとの相性が合わなければ，数年間にわたる研究生活が大変不自由，場合によっては不本意なものになってしまうかもしれません。

たとえば，教員と学生のミスマッチとして以下のような例が挙げられます。

・学生との関係には一線引き厳しく接する厳格型の教員と，気が弱くおとなしい性格の学生。
・学生の研究進捗から生活まで細かく把握したい管理統率型の教員と，自分の考えやペースで自由にやりたい自立型の学生。
・学生の自主性に任せる放任型の教員と，指示や指導をもらったほうが力を発揮できる学生あるいは発達障害や学力不足の学生。

教員の側としては，学生個別に対応を変えることで教育の平等性，公平性が損なわれるのではないかと危惧している面もあります。教員側も個々の学生の性格や傾向に応じた指導を行うことの難しさについては苦慮しています。

2．気づかれにくい学生の困難

　学生が何らかの困難を抱えていながら，学生自身その困難を把握できておらず，また周囲も気づけていない場合，双方無自覚のままに研究室内でのトラブルや誤解に発展してしまうケースがあります。たとえば学生が，うつ病や統合失調症などの精神的な不調に陥っていたり，アスペルガー症候群，注意欠陥多動性障害，学習障害（詳細は4章を参照）等の発達障害を抱えているがゆえに，学生の言動が研究室内でさまざまな齟齬を引き起こし，自他双方が原因を特定できないままに，学生の未熟さ，悪意，怠学等と解釈されてしまうことがあります。

3．学生同士のトラブル

　年代の近い学生同士が長期間，狭い空間で共同生活を送るのですから，その間には，学生同士の恋愛問題，ライバル意識から生じるトラブル，指導を任された先輩と指導を受ける後輩間のミスマッチといったさまざまな対人問題も生じます。多くの場合，それらの対人問題が指導教員に相談されることはなく，学生間で解決を図るようですが，こじれたり長期化すると，どちらかの学生が不登校になったり，心身に不調をきたしたり，何らかのトラブルとして研究室内で表出されることもあります。

4．環境の問題

　理学系の女子学生の割合は男子学生の約1割です。学問領域によっては，女子学生が1名だけという研究室も多々存在します。女子学生にとっては，日常的に不具合や不自由さを感じることも多いでしょう。悩みを気軽に相談できる存在を身近に見つけにくいこともあり，問題が潜在化しやすいようです。また，指導教員1名に対し，学生数がごく少数であったり，あるいは学生の学年構成が修士1年1人に博士課程3年が数名など，ばらついていたりする場合も，特に若い学年の学生にとっては相談相手が見つからず困難を抱えがちになるようです。援助資源が乏しいという意味では，研究室の配置がキャンパスから離れた遠方研究所である場合にも同様の問題が潜在しているかもしれません。

　これまで見てきたように研究室が有するさまざまな要因により多様な対人問題が発生します。けれども，凝集性の高い小集団で対人問題が生じるのは，研究室に限ったことではありません。家族，職場，サークルやクラブ活動など，人が集まり，ともに生活をする場で，すれ違いや誤解，思いこみやトラブルが生じないわけがありません。むしろ，どれだけ細やかな配慮をしようと生じるときには生じるものだと考えて，対処や救済などの準備を講じておくことが必要ではないでしょうか。「ボタンの掛け違え」「配慮や気遣いの不足」「何となくうまくいっていない気がする」というレベルで，SOSを発信できる環境，柔軟に相談できる場所を用意することが望まれています。理学系では支援室がその機能を果たすべく位置づけられています。

Ⅲ　調整機能——環境調整と心理援助

　それでは，支援室がどのように研究室対人問題に対応しているかを紹介しましょう。

　まず前提として，支援室では，「ハラスメント問題」は相談案件として受けつけていませんし，その解決にも携わりません。仮に学生が自分の抱える問題はハラスメントであると認識したうえで，その解決や対処を求めて支援室に来談した場合は，学内に設置されているハラスメント相談所を紹介し，ハラスメ

ント相談所の場所や予約の取り方などを教示します。

　支援室は，前述したさまざまな研究室内の対人問題によって心身面で負担を感じている学生の心理援助と，当該の対人問題に起因して学生が研究に取り組めなくなっている環境を改善するための手助けを行います。支援室の具体的な対応方法としては，「学生個人への働きかけ」と，「集団・環境の配意や工夫を引き出す方向への働きかけ」の2つに分けられます。

　学生個人への働きかけは，トラブルに揉まれて疲弊し，傷ついている学生のカウンセリングが中心です。当該学生の話を丁寧に聴き，何が起こっているのか，起こったことについてどう感じどう考えているのかを学生本人が捉え直し，問題の渦中で我を失っている状態から気力を回復して，これからの展開を自ら決断できるようにサポートします。また，問題が落着したのちに，罪悪感や自責感，後悔の念などに苦しむ学生もいますので，事後的な気持ちを支えることも大切な作業です。

　もう一方の集団・環境への働きかけは，連携者との協働作業，チームアプローチが中心です。具体的な対応策としては，「第三者的立場の者による関係者間の関係調整・指導」や学生の「研究室移動の検討」「指導者の外部委託の手配」等が挙げられます。学生がこれらの対応策を望んだ場合，相談員は最初に，学生の状況や問題内容に応じて，どの人物，相談機関への連携依頼が最適かを見極めます。問題がこじれていたり，組織内の構図が複雑な場合は，連携者を誰に依頼するかが重要なポイントになります。相談員としても判断に迷うことがありますので，その場合は，学生の許可をとったうえで，支援室長（理学系教員・副研究科長）や学生の専攻から支援室運営委員に選出されている教員に*57頁参照 連携者の選定を相談することもあります。連携者になるのは各学科や専攻，研究室の教員です。具体的には支援室運営委員，学科長や専攻長，教務委員*73頁参照 等ですが，場合によっては学生の家族や学内相談機関等も視野に入れ，安心して協力を求められる連携者を定めます。

　その後，学生，連携者，相談員で面談を重ねながら問題解決の方途を探っていきます。その際，問題に対する学生の考えや感じ方，連携者の認識，相談員の見立てといった多角的な視点をすり合わせ，学生にとって最善の道を検討します。

　環境改善のための対応で特に大事にしていることは，相談学生の意思および

個人情報の開示範囲に細心の注意を払うことです。何らかの対応をとるときには，何度も確認や話し合いを重ね，必要なだけ時間をかけて，学生が納得したうえでことを進めていくことが重要です。

ところで，連携を依頼される教員にとっても，専門外の介入，特に対人関係の調整は敏感な配慮を要する大変な仕事だと言えます。ある教員は関係調整に携わる際に心がけていることとして，第三者の立場としてではなく自分がその人の立場だったらどう感じるか共感を大事にして話を聴くこと，登場人物がお互い納得できるまで何度でも「しつこく」話し合いをもつことを挙げました。しかし，このような教員からのサポートをもってしても，学生や関係者の腑に落ちる解決が困難な場合もあり，そのときは「場所と時間を離してみる」ことも必要です。

以降に，具体的なケースを通して支援室の対応を紹介します。

Ⅳ　指導教員との相性が合わないと来談した大学院生のケース

これは，小規模研究室に進学した修士学生が，指導教員の指導方針と相性が合わず精神的にまいって来談したケースです。

1) ケースの概要

Fさんは関東圏の国立大学から大学院に入学してきた修士課程1年の男子学生でした。Fさんは自分の関心領域において新進気鋭の研究者であるG准教授の研究室入学を志願し，大学院の受験前には，G准教授に2回面会をしてもらいました。研究室は准教授が1人と博士課程の先輩が1人という小規模な構成でしたが，若くて自由な研究室というイメージをもち，Fさんはここでなら楽しく研究ができそうだと思っていました。

さて，無事に合格を果たしたFさんは，意気揚々新たな研究生活を始めるつもりでいましたが，実際には苦難の生活が待っていました。と言うのも，研究室に所属し毎日一緒に生活をするようになってからわかってきたことなのですが，准教授は非常に真面目で几帳面な性格であり，指導学生には生活態度から研究計画に至るまで細かに指示を出し統制する方針をもっている人でした。たとえば，大学にいる間

は学生の所在と活動内容を把握するため，数十分研究室を離れる場合もどこで何をするのか，事前に報告するよう義務づけられていましたし，実験機器の取り扱いの方法にも独特のこだわりとルールをもっていました。一方Fさんは大雑把でのんびりした性格であり，生育歴において海外生活が長かった影響もあり，厳密に管理されることが苦手でした。自分の性格を変えなくてはとFさんなりに気をつけるようにはしていましたが，ケアレスミスが重なるごとに，准教授がいら立ちを隠さなくなり，強い言葉で注意をたたみかけることが増えていきました。

Fさんには大学内に相談できる友人知人はいませんでした。研究室内の唯一の先輩は准教授ととても親密な関係のように見えたので「先生になじめなくてつらい」とは言えませんでした。学部時代の友人は就職していて忙しそうでしたし，入学を喜んでくれている郷里の両親には切り出せませんでした。Fさんは大学内に居場所がもてず，かと言って逃げ場もない精神状態に追い込まれていました。

入学後3カ月ほどが経過した7月初旬ごろから，Fさんは登校しようとすると頭痛がし，何とか大学までたどり着き研究室に入ると冷や汗や吐き気が生じるようになりました。実際トイレでこっそり吐いてしまうこともありました。保健センターの内科を受診したところ，精神科受診を勧められましたが抵抗があり断ったところ，支援室を紹介されて来談に至りました。

2）学生本人への関わり——問題状況と気持ちの整理

支援室では，まずFさんの心身状態を安定させることを第一に考えました。Fさんが無断欠席することを心配したため，安心して休めるよう准教授に対して，体調不良を理由に休養を取りたい旨を一報入れることにしました。しかし，いざ連絡するとなると，Fさんは「今さら何と連絡してよいかわからないし，（教員の）反応が怖い」と躊躇しました。そこで相談員が一緒に文面を考え，面接の場でFさんの携帯電話からメールを送りました。その後，准教授から「落ち着いたら連絡を下さい」との返事があり，Fさんはずいぶんホッとした様子でした。

その後，Fさんと相談員とで数回の面接を重ね，Fさんの問題状況を整理し，気持ちや考えを明確化する過程で以下のことが明らかになりました。

・准教授に悪意があるわけではないことは理解している。
・准教授の細かさや厳格さに加え，研究室で自分の味方になってくれる人がいな

い状況がつらい。
・現在取り組んでいるテーマで研究上何かの形は残したい。
・今はどうしても研究室には戻りたくない，体が反応してしまうので怖い。
・博士課程に進学する気持ちはなく，修士課程が終了したら就職する。

3）学生本人への関わり——情報提供と意思決定を支えること

　Ｆさんは，自分がいまどのような状況に置かれており，何が問題で，どういう気持ちでいるかということについて整理することはできました。研究室を離れていれば，頭痛や吐き気も生じないとのことで体調も安定していました。

　次にＦさんと相談員が行ったことは，「これからどうしていくか」「どうしたいか」を考えることでした。相談員からは，「研究に関する意思」「進路」「経済問題」「健康状態」等それぞれの視点からさらにＦさんの気持ちと事情を整理していくことを提案しました。さらに，手続き的情報として，Ｆさんの所属専攻では，学生がやむを得ない事情により研究室移動を望む場合は対応措置があること，あるいは所属研究室残留のままで，委託形式をとり他の研究室や研究所に出向し研究できること等を教示しました。研究室移動の選択肢が存在することは，Ｆさんには思いもよらなかったことであり，この情報により，Ｆさんの気持ちは，

・現在の研究室にとどまり，准教授のもとで研究を続ける。
・隣接領域の研究室に移動する。

という２つの案の間で揺れ始めました。Ｆさんにとって研究テーマ自体は学部時代から関心のあったことであり，何とか今の研究室にとどまって学位取得まで波風を立てずにやっていきたい気持ちもありました。一方，嘔吐体験や准教授の厳しい言葉，怯えて緊張している自分の姿などが想起されると，再びもとの生活に戻ることは絶対に不可能な気もしていました。相談員との話し合いでは決断には至りませんでした。

4）運営委員への働きかけ

　葛藤で膠着状態になったＦさんに対して，相談員から支援室の運営委員制度を紹介しました。と言うのも，Ｆさんは内省や熟慮することが苦手な性格でもあったため，思考が堂々巡りに陥り苦痛を感じ始めていましたし，就職活動や修士論文研究

などの期限が気になり焦燥感を抱き始めてもいました。そのため別の視点で問題を捉え直してみてはと相談員から提案しました。

　Ｆさんのこれからの身の振り方について，研究上の問題と専攻の事情をふまえた観点から運営委員の意見，助言を聴いてみることにしました。専攻運営委員の名前を伝えると，Ｆさんは「その先生なら」と関心を示しました。相談員も運営委員との面談に同席し，適宜Ｆさんの話を補足することを条件に，運営委員との面談を設定することになりました。

　まずＦさんの許可を取り，事前に相談員から運営委員に，問題状況と面談目的，Ｆさんに緊張や圧迫を与えない接し方を説明しました。運営委員は，研究室でのＦさんのつらさ，違和感，研究室にとどまるか研究室を移動するか迷っていること等について丁寧に耳を傾けたうえで，「移動を考える場合の近接領域の妥当な教員」「修士論文研究のための必要十分な研究期間の確保を考慮した決断の時期はいつごろまでか」「移動によって生じるメリットとデメリットは何か」等の助言と情報提示を行いました。

　さらに同じ専攻の教員として，運営委員が理解している准教授のパーソナリティ，研究者としての来歴，指導教員としての立場や事情について，「個人的な印象だけど」としてＦさんに説明しました。准教授自身が本学出身ではなく，自身の研究室を主宰して間もないことから，緊張や気負いがあるようだという話は特にＦさんの印象に残ったようでした。また運営委員の体験談も交え，初めて研究室を持って最初のころの学生には思い入れが強くなり，しっかり育てたいと思う分，その思いが空回りすることもあるかもしれないという話がなされました。

　運営委員との面談を終えたのち，Ｆさんは決断をいったん保留とし，相談員との話し合いを続けました。その過程でＦさんの気持ちは再び揺れ動き，「自分のストレス耐性が弱かっただけなのかもしれない」「支援室に相談したり，教員にまで事情を話して大ごとにしたのではないか」と後悔や自責感が生じることもありました。Ｆさんが自分自身で決断したと思えることが重要であるということを基本方針に，相談員との間では週に１回の面接を繰り返し，最終的にＦさんが下した決断は，自分の気持ち，体調不良等，率直に指導教員に話をすることでした。相談員から，相談員や運営委員の同席の必要性を尋ねると，必要ないとのことでした。しかし，准教授に対するＦさんの生理的反応やネガティブな感情生起が懸念されたため，Ｆさんの事情を事前に相談員もしくは運営委員から准教授に説明しておくことを提案し

たところ，Fさんが了解したので，運営委員より准教授への説明を行ってもらいました。准教授への説明内容の範囲は，Fさんと相談員で話し合い，どこまでの情報を開示するか運営委員に伝えておきました。

5）その後

Fさんは，結局准教授のもとにとどまることとし，支援室での月1回程度の相談を続けながら卒業していきました。准教授に対しては，運営委員から別途，日常の雑談の中に交えながら，学生指導の難しさやコツ，研究室の管理運営にまつわる心得などの話が数回にわたってなされたとのことでした。

Ⅴ 学生の研究環境改善について運営委員の支援を求めたケース

これは，男子学生が主流の研究室で居心地の悪さを感じ，研究室移動を検討したいと考えた博士課程女子学生の措置について，運営委員から助言をもらったケースです。

1）ケースの概要

Hさんは博士課程1年生の女子学生です。博士課程進学にあたり，修士課程とは分野を別にして研究室を変更しました。新しい研究室はHさん以外，すべて男子学生で構成される大所帯で，元来内気なHさんは院生部屋でもセミナー時にも居心地悪い思いをすることが続きました。たとえば雑談時に男子学生が話題にする内容が，Hさんにはどぎつく聞こえ反応に困ったり，食事の時間帯もどう振る舞ってよいか委縮することが多々ありました。また深夜0時ごろまでの作業が通例である，研究室のスケジュールに合わせていくことへの体力的懸念もありました。次第に緊張や不安が強くなり，研究に専念できなくなって，進学後約1カ月経過した頃支援室に来談しました。

2）指導教員への働きかけ

Hさんは「このままでは登校できなくなる」という不安が強く，これからどうしたいかという意思や希望は，来談時にはもっていませんでした。しかし漠然と研究室移動については考えていたようです。支援室では，Hさんがどうしていきたいかを考えていくために面接を継続することにしました。相談員が提示したいくつかの

第3章　研究室の人間関係になじめない　55

対処の中で，Hさんの腑に落ちる案は，「指導教員に状況を理解してもらい配慮を依頼する」でした。しかし，指導教員は海外出張や他研究所への出向が多く研究室に不在気味なことや，また年配の指導教員の性格や指導傾向について，Hさんは業績主義タイプ，厳格型と考えていたことから，率直に自分の不安を相談することは難しいとも思っていました。

　Hさんは研究者志望でしたので，時間の経過とともに，研究が遅れてしまうことへの懸念と焦りもわいてきました。そこで相談員より，教員の立場から助言をもらうことを提案しました。Hさんの指導教員と同じ講座に所属する専攻長の教員とは，相談員が以前チームを組んで他学生の支援にあたったことがあり，安心してサポートを仰げると判断しました。そこで専攻長に，指導教員への相談の是非や相談時の工夫等を助言してもらうことを提案しました。

　Hさんは自分の氏名は明かさない条件で了解したため，相談員が問題概要を専攻長に伝え，意見を求めました。すると，専攻長の判断としては，「スパルタタイプの人なので，女子学生だからという特別扱いは内心好まないかもしれない」とのことでした。専攻長からは，Hさんが支援室来談の事実と相談内容の概略を指導教員に開示してもかまわなければ，自分から個人的に，指導教員に対してHさんの状況説明と配慮への依頼を行うがどうだろうとの提案がなされました。Hさんは数週間考えた末，専攻長から指導教員への働きかけに合意しました。指導教員はハラスメント防止の観点からも，女子学生への配慮を有することを納得し，Hさんの居室を教授秘書室に移動したり，Hさんが自由に退室時間を決められるようにするなどの策を講じました。

Ⅵ 今後の課題

　支援室で行っている環境への働きかけは，その意義や支援方法についてさまざまな課題があると考えています。たとえば，日々の業務の中でケースに携わる相談員や教員からは，以下のような疑問や意見が出されることもあります。

・研究室や指導者の変更について，学生の意向を受け入れてしまうことで，結果，学生が危機を乗り超える経験や成長する機会を阻んではいるのではないか。
・学位論文提出や就職活動等，現実面や期限的な問題に配慮するあまり，対応や判断が性急になされていないか。
・ある日突然他の教員経由で学生からの異議を伝えられ，場合によっては，それまで大事に育ててきたつもりの学生との関係を断たなければならない指導者の心理的傷つきをどう支えるか。
・こういった問題への連携を依頼される教員のストレスにも配慮する必要があるのではないか。

　課題の一つひとつに対する確固とした答えは見つけられておらず，支援室としては，これからも学生，教員の声を丁寧に聴きながら，ケースを蓄積していく中で模索していかなくてはならないと考えています。
　人の感情や感性，耐性は複雑で，さまざまです。思わぬところですれ違いが生じるでしょう。研究室や大学のもつ構造的制度的問題ゆえに，ちょっとした行き違い，過度の期待，不親切がこじれてしまう危うさは日常の中に埋め込まれています。セクシュアル・ハラスメントやアカデミック・ハラスメント，パワー・ハラスメントなど，深刻な事態に発展する可能性もあるでしょう。不幸な事態を招かないために，学生も教員も違和感や不快感を感じた時点，苦痛や不満が閾値を越えてしまう前の段階で，問題を他者と共有すること，何らかの意思表示することは必要かもしれません。

ある教員は,「難しいとは思うけれど」と断ったうえで,一度関係が崩れたりこじれたりしても,さまざまなわだかまりやこだわりを内心抱えていたにしても,最後にはお互い握手できる場面を作れるような支援のあり方が理想だと言っています。支援室がそのような支援のための一助になればと考えています。

(榎本眞理子)

●コラム・学生支援室を構成する運営委員(会)とは？

　学生支援室の管理および運営等に関する重要事項を審議するために,年に2回運営委員会が開催されます。運営委員会では,主に支援室の運営状況の報告および,活動方針の決定がなされます。

　第7章で詳しく述べていますが,運営委員会のメンバーは,委員長(学生支援室の室長)と運営委員から構成されています。運営委員には,各学科・専攻の教員が一名以上選出されるようになっています(その他,研究科長の要請により,事務部長や本学の臨床心理学コースの教員なども委員会に出席します)。これは,学生の相談のうち,相談員が教員との連携が必要だと判断した場合に,学生の所属に応じた対応を各学科・専攻の運営委員の先生を通じて円滑に進めることができるようにするためです。

　運営委員の任期は2年間であり入れ替わりもあるため,年度頭の運営委員会では,運営委員の先生方にご協力いただく内容について,架空の事例を交えながら紹介するといったことも実施しています。

(末木　新)

第4章
学生生活をスムーズに送れない
発達障害の学生を支える

　理学系／理学部の学生に対し，世間の方はどのような印象をもっているでしょうか。「とても頭がいい」とか「優秀」というふうに能力の高さに言及するような評価以外に「変わった人がいそう」「普通の人には理解するのが難しそう」という類のものをよく耳にするように思います。東大生が高い学力をもっていることや，高度に専門的な内容の研究を行っていることから，理解しにくい人たちであるという印象をもたれているのかもしれません。あるいは確かにその行動や振る舞いが変わっていて，多くの人に理解されにくい人たちが一定数存在しているのも事実かもしれないと思います。

　この章で取り上げるのは，世間で認識されている東大生の一側面を代表しているかもしれない「ちょっと変わった人たち」のことです。

Ⅰ　発達障害とは

　「発達障害」という言葉を耳にされたことがあるでしょうか。この概念は未だ専門家の間でも定義が揺れており，多くの様態がこの言葉には含まれています。昨今よく取り上げられている「アスペルガー症候群」も発達障害の一様態ですし，学習場面で困難のある「学習障害」や，注意の散漫さや衝動性の高さが特徴的な「注意欠陥多動性障害」も発達障害の一側面です。他にも発達障害という大きな枠組みにはさまざまな特徴概念が含まれていますが，ここでは私たちが理学部で出会うことの多い3つの様態について触れてみたいと思います。

1. アスペルガー症候群

　アスペルガー症候群の特徴は、「コミュニケーションにおける問題」「社会性の不足」「こだわりと想像力」という3つのキーワードで説明されます。

　私たちは他者とのコミュニケーションにおいて、言葉の行間や雰囲気、相手の振る舞いから総合的に相手の意図を読み取ろうとします。しかしこの特徴をもつ学生は、相手が発した言葉を字義通り受け取るため、行間を読んだり状況を推測したりすることが苦手な場合があります。

　また、私たちはわざわざ教えられなくとも、「常識」や「マナー」をある程度自然に習得し、他者と無用な葛藤を起こさずにすんでいます。しかしアスペルガー症候群の人は暗黙のルールを理解することが非常に苦手であり、たとえば初対面の人にプライベートな内容を聞きすぎてトラブルになってしまうこともあります。

　また「こだわりと想像力」については、彼らは一度決めたことや特定の事柄に対してこだわりが強い場合があり、時には周囲から融通がきかない、頑固な人にみられてしまうことがあります。

　しかし一方で発達障害の学生がもっている障害特性は、研究や学業を全うするうえで高い能力として発揮される場合もあります。たとえば表出された言語への忠実さは論理的思考に寄与するでしょうし、ひとつの事柄へのこだわりは研究に不可欠な探求心に結びつきます。さらに、彼らの持ち味を発揮できるような環境への配慮がなされれば、高い集中力、常識にとらわれない豊かな発想力で高度な知的労働をすることも可能です。

　そもそもアスペルガー症候群に限らず、どのような障害をもった人であっても本人が生活していて困っていることがなく、社会適応ができていれば援助は不要と言えるでしょう。よって学生支援の基本的なスタンスとしては、大学内では彼らにとって何か困ったことが生じたときに、本人の意思を尊重しながら必要なサポートを行っていきます。大切なのは、障害や本人自身を変えようとすることではなく、障害によって発生している具体的な問題に対して必要な措置を講じていくことです。

　では、アスペルガー症候群の学生が学内で遭遇しがちな問題について、3つの側面それぞれについて、以下にいくつか例を挙げて説明していきます。

1）コミュニケーションにおける問題

　新入生の女子学生 I さんは，研究室に入って初めての飲み会で同期の女子学生に「日曜日は何をしてるの」と聞かれ，「先週の日曜日は，昼に起きて，スーパーに行って，本屋に寄って，家で焼きそばを作って食べて，夕方はアルバイトに行きました」と答えました。女子学生は鼻白んだ表情をし，その後話しかけてくれなくなりました。

　同期の女子学生が発した「休みの日は何をしているの」という質問には，I さんのプライベートな側面について知りたい，仲良くなりたいという意図が込められていると想像することができます。しかし I さんは言葉の背後にある意図を読み取らず，字義通り受け取って日曜の出来事を淡々と報告してしまったので，質問した側は興ざめし，居心地悪く感じたことでしょう。

　このようなことが頻繁に起こると，周囲はこの学生と話してもつまらないとか，不愉快な気持ちになると感じ，結果的に人間関係に支障をきたすことがあります。このことが場合によっては研究室全体の士気の低下や，学生に対するハラスメント様の行為につながりかねないこともあります。

2）社会性の不足

　女子学生 J さんの実験指導にあたっている助教が体調を崩し，1 カ月ほど入院しています。周囲はお互いにサポートしながら助教の仕事をカバーしていましたが，J さんは自分が指導を受ける時間が減ったことが不満でした。そこで J さんは助教に，「私の実験指導はいつ再開するつもりですか」というメールを送りました。これを知った指導教員は「相手への思いやりの気持ちをもちなさい」と指導しましたが，J さんはどうして自分の不満がわかってもらえないのか理解できないままでいます。

　誰かが病気やケガで休養しているような場合，周囲の人が相手の様子を気遣って復帰を急かさないことや，病気の状態について根掘り葉掘り聞かないということは暗黙の了解事項とされています。しかし J さんは「指導を受ける時間が減った」という自分の窮状をストレートに表現したため，その言動が教員には J さんの思いやりのなさと映ってしまいました。J さんとしては聞きたいことを聞いただけでなぜ怒られるのか理解しにくいかもしれません。

　コミュニケーションのちぐはぐさと同様に，社会性が不足していることに

よって周囲がその学生を「非常識な人間」と見なしてしまい，周囲との関係を著しく損なう可能性もあるため，アスペルガー症候群の学生にとって大きな問題となります。

3）こだわりと想像力

男子学生Kさんは，大学内のプールで泳いでから研究室に来ることを日課にしていました。修士課程の2年生も後半になり，修士論文の執筆が大詰めになってきたので睡眠時間が少なくなり，疲れも溜まり始めたのですが，それでもKさんは日課を変えませんでした。研究室で疲れのため居眠りすることが増えたKさんに対し，指導教員は「修論が終わるまでプールは休んではどうか」とアドバイスしましたがKさんは聞き入れず，相変わらずプール疲れで居眠りを続ける毎日です。修士論文もなかなか進まないため，期限内の完成が危ぶまれる状態です。

Kさんは，修士論文が大詰め，疲れ気味という状況や体調の変化があるにもかかわらず，プールの日課を変更することが困難でした。ひとつのことにこだわるあまり現実的な優先順位をつけて物事に取り組むことが難しいことがある，という特徴が反映されたものと考えることができます。

決まった日時や場所などの一定の枠組みの中であれば落ち着いて能力を発揮することができる一方，突発的・流動的な状況下では状況理解や判断が難しく，うまく振る舞えないこともあるようです。このような融通のきかなさ，臨機応変な行動のとりにくさ，優先順位の混乱などは研究生活そのものにおいて本人の不利益となることがあるでしょう。

これらの例のように，具体的に研究生活に支障が生じているような場合は，身近な存在である教員や同級生の気づきをきっかけとして支援室への来談につながることが多くあります。また，最近は学生本人が自らアスペルガー症候群を疑って来室する場合もあります。昨今は週刊誌等にもこの障害をもつ高学歴の学生に関する記事が大きく掲載されるなど，アスペルガー症候群という障害名は広く知られるようになったことがその一因かもしれません。

2．注意欠陥多動性障害

次に，注意欠陥多動性障害（ADHD）と呼ばれる障害について取り上げて

みます。

　この障害の特徴は，ひとつのことに集中することの難しさと，イライラ・ソワソワという衝動性が行動に現れやすいことにあります。また，双方向的な議論の場面であれば集中力が持続するのですが，一方的に聞かされる講義が苦手だったり，さまざまな作業を並行してこなすことが苦手だったりという特徴がみられる場合もあります。この障害も他の障害と同様，特徴の現れ方は人それぞれです。

　男子学生Lさんは講義への遅刻が多く，講義中も私語や手遊びが多いため教員には幾度となく注意されています。その都度申し訳なさそうに謝るLさんですが，何度注意されても90分の授業に集中し続けることができません。また，身の回りのものを管理することも苦手で，レポート課題をなくしたり忘れたりすることもしょっちゅうなので，教員はLさんに対し苛立ちを感じています。

　大学の講義時間は一般に90分であり，高校までと比べて飛躍的に長くなることから，この障害をもつ学生には集中力を維持し続けることが難しく，苦痛に感じられることがあるようです。そのため遅刻や私語など，悪意がなくとも怠慢に見える行動がみられることがあります。また，ものを整理整頓・管理することが苦手な場合もあるので，総合的に見て「不真面目な学生」と見なされてしまうことも懸念されます。

3．学習障害

　学部学生のMさんは，各分野の権威が1回ずつ講義を担当するオムニバス形式の授業を履修しました。まだ専門分野を定めておらず，広くいろいろな分野について学びたいという意欲をもつMさんにとっては興味深い授業形式でした。ただしこの講義は教員や各分野の企業研究者による講演形式で行われ，普通の講義と違って体系的ではなく雑談混じりの部分もあり，また配付資料も板書もありませんでした。Mさんは耳で聞き，理解することは得意なのですが，それを整理して書くことが苦手なため，講義内容のノートをとることができませんでした。その結果，期末のレポートに各回の概要をまとめ，感想を書くという課題に取り組めず，単位が認定されなかったのです。

　この障害をもつ人は，「読み」「書き」「計算」に関する能力がアンバランスであることが特徴です。基本的に大学受験ではヒアリングテストを除いて音声言語を扱う能力が問われませんので，書き言葉を読んで理解し，書くことができるという能力が優れていれば筆記試験には合格することができます。しかし大変難しい筆記試験を通過したとしても，たとえば著しく音声言語の扱いが苦手な人はMさんのような苦労を体験することがあります。このような能力のアンバランスさは目に見えにくくなかなか理解されにくいため，事情を知らない人には「なまけている」と一方的な見方をされてしまったり，急に学力が落ちたように見えるため別の疾患などを疑われてしまったりすることもあります。本人の能力に関する正確なアセスメントがなければ，本来の学習能力が生かせず不利益につながりかねません。

　ひとりの人にこれらの障害の複数の特性が表れたりすることも多いため，ひとりとして同じ様態の発達障害をもつ人はいません。これは，発達障害かどうかを問わず，すべての人に言えることでしょう。

　さらに何らかの障害特性が疑われたとしても，全員が相談機関のサポートを必要とするわけではありません。集団に馴染めなくとも，教員のイライラをうまくかわしながら自分のペースを淡々と守って学業に専念する学生もいます。そもそも，すべての人には何らかの能力の偏りや不得手な側面が必ずあるものですから，何がどのくらいできなければ障害である，という明確な線引きがあ

るわけではありません。

それでは，どのような場合に支援室が発達障害をもつ学生のサポートに携わり始めるのでしょうか。以下に架空のケースを挙げて説明します。

Ⅱ 教員から「気になる学生がいる」と相談のあったケース

1．出会い

某学科の教員から「実習を担当している学生の中に気になる学生（Nさん）がいるので，アドバイスがほしい」と連絡が入りました。まずは相談員が教員から話を聴いたところ，以下のような行動がみられるとのことでした。

- 学内に友人関係が築けていないらしく，いつもひとりである。
- 呼び出せば時間通りに現れ，礼儀正しく挨拶もできるが，いざ会話が始まると黙り込んだり，よそ見をしたりして話がかみ合わない。
- 実習にはすべて出席しているが，内容について確認しても明確な説明ができず，ノートも取れていない。
- 学生と打ち解けるために教員が自分の趣味の話をしてみても，興味がなさそうに目の前で大あくびをする。

Nさんは学業面でもあまり良好な状態ではなく，3年生までの成績は必修単位を取りこぼしていたり，極端に履修登録数が少なかったりと修学面のサポートも必要と考えられる状態でした。支援室の相談員は，Nさんの了解を得て教員同席のもと初めて本人に出会いました。場所は何度か面談を行ったことのある教員の居室としました。相談員に紹介されることに抵抗がある学生もときどきいますが，彼の場合は教員が指示したことであれば大抵素直に受け入れ，今回の面談も抵抗なく了承したということでした。

教員から紹介されて学生に会う場合，学生本人の相談意欲について確認し，本人の了解を得てからお会いすることにしています。面談の場所についても，

安心して話せるよう学生が慣れ親しんだ場所を選んでいます。また，学生が普段生活している場所で面談を行うことは，学生の日常生活を推察するための材料にもなります。

　Nさんの様子は一見礼儀正しく，やや緊張が伝わってくる程度に見えました。しかし突然退屈そうな様子を見せたり，彼の得意教科に関する話題になると一方的に話し続けたりするという少し変わった態度がみられました。
　相談員は，授業の理解度について教員から尋ねてもらいました。教員と学生とののやりとりからは，本人の授業理解が非常にあやふやであるらしいことが推測できました。たとえば「○○学の授業は何をやっていますか」という問いに対し，「AとかBです」という単一のキーワードについては答えるものの，そのAやBについての具体的な説明ができなかったためです。

　支援室では，特に学業面のサポートにおいては教員の協力を仰ぎます。もちろんこの連携は，学生自身の了解を得たうえで行います。支援室の心理援助における専門性と，教員の学問領域における専門性の両方を生かすためです。

　相談員はNさんの問題を何らかの発達障害に端を発するものと見立てました。相談員が「成績があまりよくないようですね，不可もいくつかありますが」とNさんに尋ねてみると，「それがどうしてかわからず困っています。高校まで勉強で人に負けたことがないのに落ちこぼれてしまいました」と初めて困惑を口にしました。しかし，どの授業の何がわからないか，というような詳細な説明は難しいようでした。そこでひとまず大学で生じている学業面の問題状況についてサポートしていくことを提案し，Nさんもこれを了承しました。また，学部生のNさんには指導教員がいないため，窓口は学科で学生全般のサポートを担当している教務委員[*73頁参照]としました。

　相談員や教員の見立てにかかわらず，面談はひとまず本人が困っていることを課題として始めることにしています。このケースについては教員側が感じている社会性の問題や，本人が気づいていないところで発生している可能性があ

る対人トラブルへの懸念など気になる点がいろいろとありましたが，まずは本人と共有できる「成績が上がらず困っていること」を課題とし，相談関係を維持するためのきっかけとしました。

また，学業面でのサポートを行うためには，連携に向けて窓口となる担当の教員を決めておくことも必要です。研究室に配属されている学生ならば指導教員が窓口となるのが普通ですが，学部生などの場合，誰を窓口とするかは学科ごとの取り決めがあるため，学科側に助言を得て決定します。この学科の場合は教務委員が担当することとなりましたが，学科長，あるいは学生の世話を専門に担当している若手教員が窓口となることもあります。

相談員は，今後の方針として以下のような計画をＮさんに提示しました。

・週１回，決まった時間に支援室に来談し，授業の出席状況について報告を行う。
・学期初めや学期末など重要な局面では窓口となった教務委員と合同で面談を行い，履修計画や定期試験，単位取得状況などの確認を行う。

本人の状況や能力について詳しくはまだわからないことが多く，現時点本人の口から「困っていること」を語ってもらうことは難しそうなので，情報収集のため何度か会う必要があると判断して，まずは定期的な来談を誘っています。さらに，もし発達障害であれば目的や日時，内容がはっきりしていたほうがＮさんが落ち着いて面談に取り組める可能性が高いため，面談の目的を具体的かつ明確にしています。また，学業上のことで今後も教員の助力が不可欠なケースについては，あらかじめ面談内容を教員に報告することについて本人の了承を得るようにしています。

２．本人なりの課題を見立てる

面談回数を重ねるにつれ，この学生には複合的な発達障害の障害特性がみられることが明らかになりました。たとえば，雑談のような会話が苦手なことはアスペルガー症候群の特徴である社会性の問題をうかがわせましたし，相手の話の途中に大あくびをしたり集中力が途切れてしまったりすることは，社会性の課題や注意力の

散漫さなどの問題が推察されました。
　一方で，授業にはきちんと出席する，目上の人の指示には従う，ルールや約束は守るなど，決まり事への忠実さや正確さへのこだわりが好ましい方向に現れている側面もありました。また，授業を休んだり遅刻したりしても，それを隠そうとすることもなく，率直に報告するので状況の把握は容易でした。このような学生本人の好ましい側面については，面談の中でも積極的に本人へフィードバックしていくことを心がけています。このような障害をもつ学生は自信を喪失していることも多いため，自ら捉えにくくなっている長所については積極的にフィードバックしていく必要があります。
　障害についてどのようにNさんと共有するか，ということについては紆余曲折がありました。本人がサポートを受けていることについて保護者に開示すること，あるいは学内の医療機関を受診してみることについてはいずれも了承しなかったためです。
　Nさんの障害は比較的深刻な状況と思われたので，大学卒業後の進路について考えるためにも本人の状態について保護者とも共有したいと支援室では考えていました。また，本人が小さい頃どのような子どもであったかということは障害特性を理解するうえで大切な情報なので，援助方針に生かすためにも幼少時のエピソードについて聞き取りをしたいと考えたからです。しかし，彼の意向を尊重して当面は保護者とは連絡を取り合わずに面談を継続することとなりました。
　また，学内の医療機関を受診してもらい，障害について彼自身がある程度理解を深めることも，彼のこれからの社会適応を考えるうえで役立つのではと相談員は考えました。しかし受診について示唆したところ，彼は「自分は別に病気ではない」と抵抗感を示したので，当面は受診についても無理に勧めないことにしました。

　このケースのように，発達障害と思われる学生の支援を行う場合，「発達障害」という診断名を告知してもらうよう受診を勧めるかどうかということは難しい問題です。なかには，「障害」という診断がつくことで自分の今までの苦悩の理由が明らかになり，救われるような気持ちになる人もいます。また診断名がつくことによって周囲や教員の理解は得やすくなることは事実です。しかし「障害」という言葉には大いに自尊心を傷つけられる人もいます。安易なレッテル貼り

をすることのないよう，慎重な姿勢で臨まなければならないと考えています。

いずれにしても，本人が困っていること，本人が問題視していることをまずは解決するのが支援室の基本的スタンスですので，受診や保護者との情報共有は保留とし，目の前に発生している問題解決のために一緒に取り組むことにしました。

3．講義のサポート

まず「成績が上がらず困っていること」という問題を改善するために，Nさんが授業中にどんなことについて困っているかについて聞き取りを行いました。そして窓口となる教務委員に相談しつつ，必要に応じて教務課の事務職員にも協力を要請しながら，それぞれの授業について個別の対応を行うことにしました。

- まったく板書が行われない講義については，履修科目から外しました。代わりに，講義ノートがこまめにwebにアップされ，復習しやすいものを履修することにしました。
- 座講タイプの講義は集中力が続かないため，実習タイプの講義を履修することとしました。ただ，グループ作業は苦手なため，ひとりで作業できるようなものを選択しました。
- 出席状況は良好なので，出席点が評価に勘案されるタイプの授業を選択しました。

4．実習のサポート

またNさんは実験での失敗が多く，質のいいデータが取れていないことが判明しました。実際に実験を指導しているスタッフに聞き取りを行ったところ，

- 言われたことしかできない。
- 操作が不正確で危なっかしい。
- 実験の片付けがきちんとできない。

など多くの問題状況があり，スタッフも指導に困っていることがわかりました。

そこで，再び本人に了解を取って実験指導の担当スタッフにNさんの特性を説明し，彼に合った指導をお願いすることにしました。

- 言われたことしかできない→自ら臨機応変に状況判断することは苦手なので，具体的に指導してほしい。また言われたことは何度でもトライし，最後までやり遂げるところがあるので，好ましい側面にも目を向けてほしい。
- 操作が不正確→細かい作業が苦手で，また集中力が続かない傾向もあるため繊細な手技が要求されるものは難しい。もう少し簡単な操作で完了できる実験に変更を検討してほしい。
- 実験の片付けができない→ものを片付けることが不得意，見通しを立てて複雑な作業を行うことが苦手なため。一つひとつをどこに片付ければよいか図示したり，片付けのルールを明文化したりすれば理解できるし，一度理解すればルールに忠実であるところがあるため，いい加減にすませることはない。

このような依頼によって，教育が本務とはいえ，スタッフには余分な指導と配慮が必要となったことには違いありません。しかし本人の特性が理解でき，悪意や怠慢によって学業や研究が滞っていたわけではなかったことがはっきりしたことにより，教員の心理的負担が軽減されることもあります。結果的には，多少指導に手間がかかっても本人の状況について丁寧に伝えたほうがよい場合が多いように感じています。その場合，特性の説明と具体的な指導方法の助言はセットにして行うことが肝要と考えています。

5．評価場面での調整

また，レポートの提出や定期試験などの評価場面においては，各教科担当教員に対し教務委員経由で以下のような依頼を行いました。

- 学期末は必然的に複数科目のレポート課題をこなさなくてはならないが，複数課題を並行してこなすことが苦手で能力が十分発揮できないため，ひとつずつ時間をかけてレポートを片付ける必要がある。そのためレポート提出期限を少し延長してほしいこと。

・定期試験では，試験時間中ずっと集中しているのが難しく，ときどき体を動かしたりシャープペンシルを回したりすると落ち着く傾向がある。しかし周囲の学生に迷惑がかかる恐れがあるため，別室受験を認めてほしいこと。

　単位認定は各教科担当教員それぞれに全面的に委ねられている事柄なので，本来は他の学生との公平性を保つためにも特定の学生を特別扱いすることは認められません。もし視覚障害や聴覚障害などのように障害の度合いが明らかであり，行政上も何らかの認定を受けていれば必要な措置を依頼することは難しくないでしょう。しかし，発達障害は診断を受けていない場合や，仮に受けていたとしても障害の度合いが目に見えにくい場合が多いため，一律の配慮を求めることは困難です。よって単位認定については，教務委員を通じて彼の特性をなるべくわかりやすく説明し，あとは各教科担当教員の判断に委ねることにしました。結果的にはほとんどの教科担当教員が彼の特殊な事情を勘案することに応じ，彼の特性に合った形でレポート提出や定期試験を受けることが認められました。

6．心理的サポート

　ここまで主に学習面でのサポートについて述べてきましたが，支援室がもう一点大切にしているのは本人の心理面でのサポートです。これまでに述べてきたとおり，発達障害をもつ学生は失敗体験や他者に誤解され，受け入れてもらえないという経験を蓄積していることが多く，自信を失っている場合もあります。障害という診断に安心感を覚える人もいる一方で，自分自身が他の学生と違っていることを受け入れるまでには辛い思いをすることもあるでしょう。さらに，保護者にとっても本人の障害を認め，理解することは困難なプロセスです。障害の存在を認めたくない，知りたくないと思うことは保護者として自然な気持ちかもしれません。

　まず相談員としてできることは，たとえば学生がときどき吐露する「自分は何のために生まれてきたのだろうか」「『普通』の人でいることをまだ諦めたくない」という言葉の重みを真摯に受け止めることでしょう。そして日々の小さな成功，失敗をともに喜び，ともに落ち込みながら一方で現実的な課題に一つひとつ取り組むパートナーでありたいと思っています。また長期的には，学生

が自分の特性を長所と短所両面において公平に理解し，自分のものとして受け止められるよう支えたいと思っています。そのためには，本人が安心して気持ちを話せるよう，学業以外の話ができる時間を定期的に確保することが必要でしょう。

7．教員との連携

　この学生は何度か留年を繰り返し，彼に対するサポートは在学年限一杯まで数年間継続したため，その間彼に関わる教員の異動と変更がありました。発達障害を呈している学生に対するサポートは彼に限らず，卒業までの間長期にわたって続くことが普通です。一時的な悩みやストレスによるうつ状態とは違い，発達障害の特性はずっと保持されますので，それぞれの局面に応じて介入を行っていくことが必要になるためです。

　ただ，このようにサポートが長期間にわたる場合は，連携する教員の負担にも配慮が必要です。連携する教員に依頼した内容は以下のようなことでした。

・本人の授業理解度，学業的な志向についての確認。
・本人への学業面，履修に関するアドバイス。
・留年や成績など，重要な教務事項について本人や保護者に告知する。
・学科の組織や風土について相談員の質問に答える。
・各科目の教員からの報告を支援室に伝える。
・支援室からの依頼を受けて各科目の教員に配慮の依頼を行う。

　連携する教員に支援室として期待する役割は，学業面の専門的な助言を行ってもらうことと，学科の教務事項について責任を負ってもらうことです。支援室の相談員はそれぞれの学科のルール等を熟知しているわけではありませんし，履修登録や成績のことなど重要な局面においては責任をもって発言できる立場にありません。そこで，そのような場面では連携する教員にきちんと告知してもらうことで，本人や保護者にとって現実をはっきり認識できるきっかけにすることができます。

　ただ，これだけの多岐にわたるサポートは，時間的にも精神的にも連携する

教員にかなりの負担を強いることになるでしょう。ましてや今回のケースのように，たまたま教務委員という役割を担っていたにすぎない教員にこれだけの負荷がかかることは，支援室としても申し訳ない思いがありました。一方で指示系統が一本化されているほうが学生自身の適性に合うこと，守秘義務の観点からも情報を一元化する必要性があることなどを鑑みると，窓口となる教員はなるべく1人のほうがよいと考えられます。学生にとっての都合のよさと教員の負担についてバランスを取ることの難しさについては，今後学科全体と共有・検討していくべき事柄かもしれません。

8．卒業後のサポートについて

　学生の障害特性は，基本的には卒業後も続きます。そこで，卒業後の社会適応が彼らの新たな課題となります。

　この項目の最初に述べたように，障害特性があっても多くの学生と変わらない程度に社会適応する学生もいます。一方，障害特性が強く表れていたり，学生や保護者が障害特性について十分理解し，自分なりの社会適応を模索する段階に至っていなかったりすると，就職や進学の局面では苦労が伴うこともあるでしょう。とはいえ東大生は周囲から学業のみならず全人的に優秀であるというような印象や期待をもたれやすいこともあり，そのような障害特性を認め，受け入れることは簡単なことではありません。十分な自己理解に至るまでには年単位の時間を要することが普通と考えています

　卒業後の進路についてどこまで支援室がサポートしていくかということについては，個々のケースで未だ模索しながら取り組んでいるところです。障害特性によって通常の就職活動では就職が難しそうな学生の場合，受診して診断名を確定させ，障害者手帳を取ることのメリットを伝えることもあります。また障害をもつ人を専門的にトレーニングし，職業斡旋している会社の存在や，そのような特性をもつ学生の就職状況についての情報提供を行ったり，あるいは，卒業後，学生の身分がなくなっても相談ができる行政機関やNPOに紹介することを試みてもいます。

　しかし仮に障害特性を理解し，受診して診断名がついたとしても，残念ながらそのことが必ず本人の利益を保証するわけではないのがわが国の現状です。

これはわが国全体の状況として言えることですが，発達障害をもつ学生に対する社会的なサポートはまだまだ十分ではありません。障害者手帳取得により，いくらか障害特性があることを前提とした就職活動が可能になる側面があるとはいえ，就職市場全体が冷え込んでいる昨今の状況もあいまって，学生一人ひとりの個性に応じた理解やトレーニングを就職先の会社に求めることはなかなか困難でしょう。

　現段階では，障害特性が顕著に表れている人が自分の特性について理解を深め，特性の長所と短所の両方を適切に理解される就職先を見つける，ということはたとえ東大生でも非常に困難であるというのが現実です。大変厳しい現実ですが，支援室では今後，学内におけるサポートに加え，卒業後の学生の社会適応も視野に入れた支援ができないだろうかと考えています。全学レベルで発達障害の学生へのサポートもまだはじまったばかりですので，この分野についてはこれからなおいっそうの検討が必要と考えています。

（藤原祥子）

●コラム・大学教育を支える教務委員（会）

　教務委員会ではその親会である教育推進委員会（学部・大学院の教育について方針を定め監督する）で決定された方針に従い，教務を実践します。支援室相談員も毎月開催される教務委員会にオブザーバーとして出席し，教務に関する情報収集を行います。教務委員会を構成する教務委員は各学科に最低1人は任命されており，1年の任期になっています。

　支援室にもち込まれる相談の多くは「学業」と密接に関わるものであり，卒業／修了のための単位取得が難しくなってから来談する学生もしばしばいます。相談員のみでは単位の履修計画・学習面でのアドバイスには限界があるため，このような場合には教務委員の先生へと連絡を取ることになります。配慮の必要な学生については，たとえば，レポートの提出期限の延長を教務委員を通じて授業を開講している教員に相談するといった場合もあります。

（末木　新）

第5章

死にたい気持ちが生じたら
自殺の危険を防ぐ

Ⅰ 大学生の自殺数の推移と対応

　わが国では1998年頃に自殺者数が急増して以降，10年以上にわたって年間自殺者数が3万人を超える状態で高止まりしています。警察庁によると2009年の自殺者数は32,845人（男性23,472人，女性9,373人）であり，自殺率は25.8人／10万人（男性37.8人，女性14.3人）となっています。また，大学生に限った自殺率について警察庁（自殺の概要資料）および文部科学省統計（学校基本調査）をもとに計算を行うと，2009年の大学生全体の自殺率は18.6人／10万人（男性24.1人，女性10.4人）であり，この5年間の自殺率は，13.2～18.9人／10万人（男性15.6～23.8人，女性9.4～11.6人）の間で推移しています。

　1979年から茨城大学保健管理センターが実施している全国の国立大学生に対する調査によると[1]，それ以前の自殺率の平均が14.7人／10万人（$SD = 4.6$）となっています。これらの値からは，大規模な大学内においては残念なことではありますが，1年に平均して数名は自殺によって命を落とす方がいることが読み取れます。

　昨今の学生相談を巡る相談者の変化について，齊藤（2006）は，暴力や軽犯罪を含む「事件性のある諸問題」や不登校やスチューデント・アパシーを含む「ひきこもり系の諸問題」に加え，自殺念慮・企図を含む「いのちに関わる諸問題」の増加を挙げています[9]。実際，大学生の死因別死亡率を縦断的に調査した結果によると[12]，1996年にそれまで最も多い死因であった事故を自殺が抜き，そ

れ以降，自殺が死因の第１位を占めています。また，既遂自殺に至らないまでも，わが国の大学生の約３〜６割は過去に自殺を考えたことがあり[14, 15]，約７〜20％が自傷行為を経験しています[6-8]。アメリカの大学生についても，調査前の１年間に自殺を真剣に考えた者が約１割おりそのほとんどが実際に準備までしていたという報告があることを考慮すれば[10]，３割以上の大学生が過去に自殺を考えたことがあるという数値もある程度納得のいくものだと考えられます。このように，学生相談のあり方について考えていく際には，自殺に関連する問題への対応も重要となってきています。

それでは，こうした状況に対し，わが国においてはどのような対策が取られてきたのでしょうか。昨今の対策は，2006年に制定された自殺対策基本法の制定をもとに自殺総合対策大綱（2007年）が策定／閣議決定されるという形で進められてきました。大綱内においては，大学生を含む青少年への自殺対策として，①児童生徒および教職員に対する自殺に関する心理教育，②良好な人格形成への支援，③心の健康の保持・増進，④自殺発生時の児童生徒等の心理的ケア，が挙げられています。大学における学生相談においても，これらの機能を果たすことが求められていると考えられます。しかし，こうした情報のみで実際に大学コミュニティで実施されている自殺予防の様子は，なかなかわかり辛いと思われます。

一般的に自殺対策には３つの側面があると言われますが，それは，プリベンション，インターベンション，ポストベンションの３つです。プリベンションとは，自殺を予防するための教育や定期的な健康診断の充実などを指し，上述の大綱の内容の①②③にあたります。

インターベンションとは，実際に自殺念慮・企図等が確認された際に直接的な介入を行うことであり，大綱の③にあたります。最後に，ポストベンションとは，不幸にして自殺が生じた場合に遺された人に対してケアを行うことであり，大綱の④にあたります。この章では特に，支援室で実施されることのあるインターベンションとポストベンションに着目をし，各活動においてどのような点を意識する必要があり，また，大学コミュニティの中で支援室がどのように自殺予防を行っているのかということを具体的なケースを示しながらご説明したいと思います。

Ⅱ 指導教員とともに来室した自殺念慮をもつ男子学生のケース

　ここでは，自殺の危険が差し迫っている学生への支援について，その特徴を示した後に具体的なケースを提示するといった形で説明します。

1．大学生の自殺の危険因子

　これまでに実施された自殺者の遺族への聞き取り調査から自殺の原因を究明する心理学的剖検調査によると[3]，自殺者のほとんどが自殺の直前に何らかの精神障害に罹患していたことが明らかになっています。その中では，最も多いのがうつ病であり，統合失調症，物質関連障害（例：アルコール依存），人格障害（境界性人格障害・反社会性人格障害）などが多いことが明らかになっています。また，自殺と関連の強い障害として摂食障害も指摘されています。

　警察庁の統計による自殺の原因調査においても精神疾患を中心とした健康問題はその上位にきていますが，大学生の自殺の原因は精神疾患のみではありません。発達的な視点からは，大学生が自殺を考えることとアイデンティティの拡散状態の関連性などが指摘されていますし[7]，自殺の危険性の高い学生は，死について比較的早期から考える，自殺を美化する，自殺を苦しみからの解放と捉える，といった傾向があるとした報告があるなど[15]，大学生のもつ死生観が自殺の危険性に影響を与えているという指摘もあります。それ以外にも，学生相談場面で有用だと思われる具体的な自殺の危険因子としては，以下のような点が指摘されています[13]。

　性格面では，①生真面目・完全主義的で融通がきかない，②人付き合いが苦手で孤立気味，③自己不全感が強く悲観的／抑うつ的，④不安・衝動統制が低く自己破壊衝動が強い，⑤他者に助けを求められない，⑥家族からの支援・介入に拒否的，といった特徴があります。次に，状況面では，①単位不足で卒業・就職に支障がある，②履修届が未提出，③本人のみが気に病む現実的問題の存在，④喪失体験，⑤助けを求められないことによる問題の遷延化／深刻化，⑥指導教員との関係の希薄さ，といった特徴があります。

1）ケースの概要

これは，24歳・大学院の修士2年の自殺念慮[注1]を有する男子学生Oさんの心理状態を他の学生から聞いて指導教員が知り，その後の対応について助言を求められた例です。

Oさんは元来から真面目で非常に成績優秀であり，本学に進学してくるまでは挫折という挫折を経験したことがありませんでした。しかし実際のところは，自分に対して自信をもつことが難しく，他者からの評価や他者との比較を極端に気にする性格でした。理学部を選択したことに明確な理由はありませんでしたが，学科の中でも一番厳しいと評判の研究室を選んで進学し，研究室に馴染むこと自体にはそれほど大きな問題はありませんでした。

Oさんは修士1年が終わる頃から就職活動をスタートさせましたが，理想が高く有名企業ばかりを選んでエントリーしたことや，折からの不況により採用枠自体が減少していたことが重なり，就職はなかなか決まりませんでした。就職が決まらないことからくる焦りや両親からのプレッシャーもあり，Oさんの睡眠状態は次第に悪化し，研究室内でも実験中にふらふらとしている様子が何度か目撃されることがありました。指導教員もこうした点を気にかけてはいたものの，学業・研究の進捗状況に著しい問題はなく，また本人も気丈に振る舞っていたため，様子を見ている状態でした。

このような状態がしばらく続きましたが，少し痩せたようにも見えるOさんの様子を心配して，「最近様子が変だけど，何か困っていることがあるのか？」と指導教員が聞くと，Oさんは「就職すらできない自分自身が許せないし，眠気に負けてしっかり研究できない自分も許せません。自分はダメ人間で，生きる資格もないし，もう死んでしまいたい」とこぼしました。指導教員はOさんと2人で話をした後に，支援室へともにやってきました。

2）具体的な対応1

支援室のインターベンションにおける役割は，自殺念慮の有無の確認や自殺の危険性に関する評価を実施し，必要な場合には早急に精神科医のもとへ紹介・連携するということです。本ケースの場合，指導教員から紹介されてきた時点で，希死念慮があることは明確であり，また，うつ病などの精神疾患も疑われ

ました。こうした状態においては，来談した学生から丁寧に話を聞き，自殺念慮の確認をすることが重要になります。元来，人間は自分のもつ「死にたい」といったネガティブな感情を見たくないと思うものですし，誰にでも話をするわけではないので，こうした気持ちを確認するためにはしっかりとしたカウンセリング技術が必要になります。また，自殺の危険性の評価については，過去の自殺企図歴といった最も重要な要因の確認に加え，上述した大学生独自の自殺の危険因子についても注意して情報収集をする必要があります。

3）ケースの経過

支援室では面接室においてOさんから話を聞くのと並行して，別室にて指導教員からも他の相談員が話を聞きました。1時間半ほどゆっくりと時間をかけて共感的に話を聞いたところ，どうやらOさんはこれまでに自殺をしようと試みた経験はないものの，ここ数カ月は食欲もなく，夜中に何度も目が覚めてしまい，就職活動への意欲もわいてこない状態が続いているとのことでした。また，指導教員から聞いた話ではOさんは完全主義的な性格であり，他の学生との間で実験器材の扱い方でもめたことから，最近は研究室内でも孤立気味であったことがわかりました。

こうした情報を総合し，相談員は近隣の精神科クリニックをこれから一緒に受診することを提案しましたが，Oさんは受診するかどうか迷っているようでした。相談員はOさんのもつ精神科や服薬へのイメージを丁寧に聞いた後に，服薬によって睡眠状況を改善できる可能性があることを伝えました。また，指導教員からも受診をすることを勧めてもらうようにしました。

4）具体的な対応2

　面接の結果，精神科の受診が必要だと判断される状態であっても，来談した学生が拒否をする場合は少なくありません。これは精神科受診のもつスティグマや服薬への恐怖心から来ることが多いようです。このケースのように，場合によっては指導教員から受診を勧めてもらうといった対応を取る場合もありますが，拒否された場合の説得の方法に絶対と言えるものはないため，学生のもつ価値観などを考慮しながら勧めていく必要があります。

　精神科を受診する場合，本学では保健センター内の精神科を受診するのが最も近く一般的ではありますが，混雑時などどうしても予約をとるのが難しい場合もあります。そのような場合には近隣のクリニックなどを利用することになりますが，こうした事態に備えて常日頃からネットワークを築いておくことは大切になります。そして精神科医と連携をとる場合には，自殺の危険性に関わる項目を中心とした本人情報，家族に関する情報，学校生活に関する情報などを丁寧に伝えます。こうした受診の際には相談員が同行しますが，これは自殺の危険性の高い学生については可能な限りひとりきりにせず，誰かが見守ることで安全を確保できる環境を築くことが重要なためです。

　精神科医への紹介をした後も，入院ではなく外来で治療が継続するということであれば，支援室の仕事は続いていきます。本人の許可を取った後であることが望ましいですが，保護者と連絡を取り，指導教員，精神科医と連携しながら継続的なケアを実施します。この際にも重要な点は，学生の今後に配慮してプライバシーの保護を厳重に行うことです。特に本ケースのOさんは他者からの評価を過剰に気にする人柄であり，研究生活を継続していくためにもプライバシーへの配慮は重要となります。Oさんの場合はこうしたパーソナリティの問題へのカウンセリングが必要と思われる方もいるとは思いますが，学生相談の最も大きな目的のひとつは学業的な達成の支援にありますので，当面の学校生活に適応していくという側面にも常に配慮しなければなりません。

　また，死にたいという気持ちを抱えているといった自殺の危険のある学生が自らの指導学生の中にいるということは，教員にとっても心理的に大きな負担となります。メンタルヘルスに問題を抱える学生を指導する場合，今後どのようにすればよいのかということが明確にわからなくても，現在の状態がなぜ生

じているのか，今後どのようになる可能性があるのかということがわかるだけでもその負担はずいぶんと軽減されます。こうした点を明確化しながら教員とも連携をしていきます。

Ⅲ 自殺によって学生が亡くなった研究室への対応を依頼されたケース

　ここまで自殺の危険が高まっている学生への短期的・直接的介入であるインターベンションの具体的な方法について説明をしてきました。次は，不幸にも自殺が起こってしまった後に生じやすい周囲の人の反応についての特徴を説明した後に，学生の自殺発生後の支援室の活動に関する具体的なケースを示します。

1．自殺が起きた後の反応

　親しい人・身近な人の自殺を経験した場合，遺された人の多くには悲嘆と呼ばれる反応がみられます。これは死別に対する正常な感情的反応・精神活動であり，その状態像は，ショックによる精神的麻痺状態→故人を切望する状態→精神的な混乱と絶望の状態→故人の死の受容，という経過をたどるとされています[2]。この間には，自殺の原因の追求，罪悪感，責任感，絶望感，恥，故人からの拒絶感，故人への怒り，死の恐怖（例：自らも自殺するのではないか）といった多様な心理状況を経験し[1,4]，身体症状を呈する場合もあるとされますが，一般には6〜12カ月ほどで回復すると言われています。ただし，うつ病やPTSDといった精神障害を発症する場合も少なくないため，専門家への受診などが必要になる場合もあります。

　次に，自殺が起こってしまった際の周囲の人々への対応についてですが，こうした対応の開始時期は早ければよいというものではなく，現場の様子を見極めながら適切な時期を選ぶ必要があります。通常は1〜2週間程度たってからが有効だと言われています[5]。遺された人々の中には，心理的な援助を受けることに抵抗を感じる方もいますが，そのような場合にも今ここでできるケアを提供しながら関係を作っていくという方向が大切になります。また，ケアを実施する場合には自殺に関するものに限定するのではなく，メンタルヘルス全体

表1 自殺が生じた際の反応に影響を与える要因

要　因	反　応
遺族の性別	男性よりも女性のほうが悲嘆の過程が長く，抑うつ感が強いとする研究があるが，性差がないとする研究もある
遺族の年齢	より高齢になるほど自殺の衝撃は減少する
続柄	多様な関係性の中でも，子どもを失う両親の悲嘆が一番深刻である
故人の年齢	故人が若いほど遺族の罪悪感・恥・動揺といった感覚が強くなる
死別からの経過時間	時間の経過とともに自殺の影響は減少していくが，遺族のたどる心理的な変遷は多様であり，苦痛が直線的に減少するわけではない
死や遺体との直面	自殺シーンを直に目撃する，あるいは自殺の第一発見者となるなど目撃に対する文化的準備の行われていない形で自殺やその遺体と直面した場合，その経験がトラウマとなる可能性が高くなる
援助要請態度	他者に援助を求める遺族の反応ほど重篤である
ソーシャル・サポート	友人や家族からのサポートが得られるほど，反応は軽快する

を対象とした幅広い視点からのアセスメントが重要になります。

表1は遺された人の反応に影響を与える要因について，既存の研究結果を簡潔にまとめたものです[11]。こうした点を念頭に置くことで，コミュニティの中でもどのような点や対象者に特に注意を払いながら状況を見定めればよいのか，という指針を得ることができます。

1）ケースの概要

これは，23歳・大学院の修士1年の男子学生Pさんが自殺し，その後の対応について研究科長から助言を求められた例です。

Pさんの所属する研究室は約20名程度から構成されていました。Pさんは関西の他大学を卒業した後，大学院から本学へ入学しました。入学した当初は，研究室対抗のスポーツ大会にも参加するなど活発な活動をしていましたが，1年の夏休み明け頃から学校を休みがちになり，一人暮らしの寮にてオンライン・ゲームをして過ごすことが多くなりました。1年の冬には引きこもりがちな態度が目立つようになり，心配した指導教員から促されて支援室にも1度だけ相談に来ました。その際には，研究室の人間関係にうまく馴染めていないように感じること，研究が思うよ

うに進まずやる気が出ないことなどが語られました。支援室では，うつ状態改善のため服薬を目的に保健センターの精神科に行くこと，支援室において学校の適応や研究の進捗の問題を話し合っていくことを提案しましたが，継続的な来談には至りませんでした。

その後，しばらくしてからまったく学校に来なくなる時期が続き，こうした事態を心配した指導教員は両親と連絡を取りました。数日後，両親が部屋を訪れそこでＰさんが縊死しているのを発見しました。

2）具体的な対応1：コミュニティへの対応

ポストベンションの活動にとりかかる際に重要なことは，第一にケアを要請してきた相手とケアの担い手（この場合は相談員）との間で介入の目的をはっきりとさせておくことです。一般的には，①（自責感などからくる）連鎖自殺の防止，②学業・研究への意欲や能率の低下，実験中の事故，集団（研究室・研究グループ）の団結力の低下といった急性期反応の防止，③うつやPTSDといった精神障害の予防・発見，といったものが挙げられます。このケースでは，研究科長を中心に，指導教員，専攻長や事務長等，関係者と綿密な打ち合わせをします。なお，実際に自殺を含め学生が突然に亡くなった場合，教員のみの話合いでは遺された学生へのケアという視点が薄いといった印象があります。また，ケアの方法についても意見がまとまらないことも多いため，支援室から具体的な対処方法を提案することで迅速に対応できる可能性が高まります。

コミュニティへの対応において重要な点は，まずは特定の個人への責任転嫁を誘発しかねない噂の防止や（上述の目標①に対応），コミュニティ構成員の脆弱性を高めないための広報（②や③に対応）を実施することです。こうした出来事はどれほど隠そうとしたところで噂や憶測によって広まってしまうため，隠すことには意味がない場合のほうが多いと考えられます。むしろ，客観的で適切な情報を与えることにより，自責感を取り除き，安心感を与え，援助の必要な人が助けを求めやすい雰囲気を作ることで個別のケアにつなげる，といったことが必要になってきます。

以上のような目標を達成するために，ここでは，自殺が生じてから1週間程度たった後にＰさんの所属していた研究室の学生全員に対して指導教員が，自殺が起きたという事実に哀悼の意を表しながら事実をありのままに伝えるとと

もに，支援室や保健センター等の援助機関の連絡先を知らせることにしました。また，相談員もその場に同席し，一般的な自殺の生起要因（例：自殺は複合的な要因によって生じるものであり，単一の原因によって生じるものではない）や自殺による死別後に生じやすい状態に関する心理教育を，学生および教員に対して実施しました。特に死別後に生じやすい反応を説明する際には，そのような状態は当然の反応ではあるが永遠に続くわけではないこと，そのような状態を軽減するために支援する機関があり，コミュニティ・組織全体としても健康に関する心配をしていることなどを合わせて伝えると，ある程度の安心感を生むと同時に，援助機関へと相談しやすい雰囲気を作ることができます。

ただし，「心のケアをします」といった形で広報をすると，男性やリーダー格の人は自発的に援助を求めることが難しくなる場合があります。このケースでもPさんの指導教員は深刻な影響を受ける可能性がありますが，そのような場合にも援助を受けることをためらうかもしれません。こうした人には「ケア」という文脈で話を聞くのではなく，客観的な情報収集をすることを目的に話をし，実際に情報収集をした後に，「今回はとても大変だったのではないですか」といった形でさりげなく話を聞くことで，感情が表出される場合があります。

3）ケースの経過

Pさんの所属していた研究室へ情報提供を実施してから数日後に，Pさんの友人であるQさんが支援室に来談しました。Qさんは研究室にあまり馴染めていなかったPさんと比較的近い関係にあったことから，自分がもっと積極的にPさんに働きかけていればこうはならなかったのではないかと自らを責める一方で，Pさんのことを快く思っていなかった研究室の先輩Rさんへの怒りを露わにしていました。相談員は，ここでは自殺を引き起こした原因や犯人を探すのではなく，故人を悼み，遺されることによって負った心の傷をケアすることが主な目的であるという前置きをした上で，Qさんの話を傾聴しました。

4）具体的な対応2：個人への対応

ポストベンションを目的とした個人面接における話の聴き方は通常のカウンセリングとほとんど同様ですが，以下のような点については特に気をつけて話をします。

まず，故人や自殺との関係，どのようにして自殺について知ったのかといっ

た点について尋ね，また，不安障害，うつ病，急性ストレス障害の症状の有無についても尋ねます。こうした状態が疑われた場合には保健センターの精神科への紹介も行います。コミュニティへの対応で示したような，自殺や遺された者に生じやすい心理状態に関する心理教育的アプローチも重要です。そして，特にカウンセリング場面では，自責感や恥，故人への怒りといった複雑な感情がみられますが，こうした感情を自然と表出できるような場を提供します。必要に応じて，呼吸法や筋弛緩法といったリラクゼーションを用いることも有効になります。

さらに，相談に訪れた学生・教員の相談に応じることは重要なことですが，コミュニティ全体のことを考えた場合には，こうした機会を活かして他の人に関する情報収集をすることも重要になってきます。「他の人を助けてあげて下さい」といったメッセージを伝える，「他に大きなショックを受けていそうな人はいませんか？」といった質問をすることも重要な活動になります。場合によっては，より詳細な情報を集める，こうした情報をもとにさり気なくショックを受けていそうな人のもとへ出向き声をかける，といった対応が必要になります。

なお，ここで提示したケースは，研究科長からの要請によって関わりが生じたケースでしたが，このようなケースだけではなく支援が必要であるにもかかわらず自発的な来談・連絡には至らないといったケースのほうが多いと考えられます。他のケースにおいてもそうですが，日頃から各学科・専攻・事務との連携に努めていくことが，このようなケースを援助場面へと導くことにつながると考えられます。

Ⅳ 自殺問題への対応のポイント

この章では，自殺の危険が高い人への対応（インターベンション）および自殺が実際に起こった際の対応（ポストベンション）についてケースを交えながら具体的に説明をしました。

まず，インターベンションについてですが，大学コミュニティ内における自殺の危険の高い学生には，他者に助けを求めるスキルや意欲が乏しく，助けを求めたくても助ける先が見つからない状況で学業や研究につまずいて孤立し，

周囲の人も問題に気づくことができないことで問題がますます悪化していくというパターンが多いようです。

このような状況に対して、本章では教員を中心に相談員や保健センターなどが連携をして対応する様子を報告しました。今後は、周囲の者がより早期にこうした危険に気づけるように、青少年の自殺の実態・自殺のサイン・自殺の危険性に気づいた際の対応・援助資源の所在等に関する心理教育（プリベンション）をコミュニティ全体に対して実施していく必要があるでしょう。

また、ポストベンションについても同様に本学において生じうるケースを提示し、対応のポイントなどを説明しました。プリベンションやインターベンションに力を入れ自殺が起こること自体を防ぐのも重要ですが、不幸にして自殺が生じた際にはコミュニティ全体が迅速に連携して対応することが重要となります。

（末木　新）

注1）「自殺念慮」とは、自殺という能動的な行為で人生を終わらせようという考えであり、死を願う気持ちの中に自殺という言葉が含まれていることが要件となります。これに対し「希死念慮」とは、死を願う気持ちのことではありますが、自殺までは考えていない場合を指します。具体的には、死にたい、消えたい、ずっと眠りたいといった形で表現されることが多いようです。

文　献

1）Barrett TW & Scott TB（1989）Development of the grief experience questionnaire. Suicide and Life-Threatening Behavior, 19; 201-215.
2）張賢徳（2002）自殺者遺族の悲嘆について―特別なケアが必要なのか？（特集 サバイバーとポストベンション）．自殺予防と危機介入, 23; 3-8.
3）張賢徳（2006）人はなぜ自殺するのか―精神科医からのメッセージ．勉生出版．
4）Faoiczka A, Frank E, Doman J, et al.（1995）Inventory of complicated grief; a scale to measure maladaptive symptoms of loss. Psychiatry Research, 59; 65-79.
5）藤原俊通（2004）ポストベンションの適応と禁忌．（髙橋祥友・福間詳編）自殺のポストベンション―遺された人々への心のケア．医学書院．
6）Jamison KR（1999）Night Falls Fast: Understanding suicide. Knopf, New York.（亀井よし子訳（2007）生きるための自殺学．新潮社）
7）角丸歩・山本太郎・井上健（2005）大学生の自殺・自傷行為に対する意識．臨床教育心理学研究, 31; 69-76.
8）岡田斉（2002）自傷行為に関する質問紙作成の試み．人間科学研究, 24; 79-95.
9）齋藤憲司（2006）学生相談の新しいモデル―変動期における指針．臨床心理学, 6; 162-167.

10) 笹川佑記（2006）大学生の自殺態度に関する研究—メランコリー型性格と自己開示の観点から．臨床教育心理学研究，32; 81.
11) 末木新（2010）自死遺族の悲嘆に関する研究の概観と展望．臨床心理学，10; 873-884.
12) 内田千代子（2008）大学における休・退学，留年学生に関する調査—第28報．第29回全国大学メンタルヘルス研究会報告書，86-108.
13) 内野悌司・磯部典子・鈴木康之，他（2005）大学生の自殺予防プログラム開発に関する臨床心理学的研究（1）．広島大学保健管理センター研究論文集総合保健科学，21; 59-65.
14) 山口亜希子・松本俊彦・近藤津絵，他（2004）大学生における自傷行為の経験率—自記式質問票による調査．精神医学，46; 473-479.
15) 與古田孝夫・石津宏・秋坂真史，他（1999）大学生の自殺に関する意識と死生観の関連についての検討．民族衛生，65; 81-91.

●コラム・理学部生の進学状況

　ポスドク難民や高学歴ワーキングプアといった言葉が注目を集めていることもあり，大学院を卒業したその後のことを不安に思い来談する学生も増えています。それでは，現在の東京大学理学部・理学系研究科の学生の進学の流れはどのようになっているのでしょうか。

　まず，進学振分けを経て理学部に進学した学生の，約9割は大学院の修士課程に進学します。大学院に進学する者のうち，約7割は理学系研究科へ進学します（その他としては，数理科学研究科，情報理工学研究科，新領域創成科学研究科等へ進学する場合があります）。そして，理学系研究科の修士課程の約半数が博士課程に進学することとなります。

　さらに，博士課程修了後の進路ですが，2004～2006年度までの自己申告によるデータでは，半数程度がPD（博士研究員）へ，1／4程度が民間就職，教員となる者も1割弱はいます。
　　　　　　　　　　　　　　　　　　　　　　　　　　　（末木　新）

part 2 / 相談活動を支える学生支援システムを作る

第6章

大学コミュニティと協働する学生相談を創る

Ⅰ　学生相談の新しいかたち

　学生支援室は，東京大学の理学部・理学系研究科という，国立大学法人の一部局内に設立された学生相談機関です。このような一部局内に設置された相談機関としては，同じく東京大学の法学部に学習相談室があります[1]。しかし，法学部の学習相談室の心理相談員はパートタイムであり，常勤の心理相談員は配置されていません。それに対して支援室には，2名の常勤の心理相談員（臨床心理士。職位としては助教）が配置されています。このような組織としての充実を含めて考えるならば，支援室は，国立大学法人の一部局内に開設された学生相談機関としては，日本では随一のものといえます。

　ただし，支援室のユニークさは，そのような部局内の機関という，ハード面だけにとどまりません。むしろ，支援室を特徴づけているのは，理学部・理学系研究科という大学コミュニティと協働して学生相談を展開する，その独自の機能にあります。つまり，学生支援を学生相談機関内の活動にとどめることなく，大学コミュニティそのものが学生相談を担うことを可能にするソフト面にこそ，支援室の独自性があるのです。このような独自な機能を当初より意図的に組織し，発展させている学生相談機関は，少なくとも日本の大学にはこれまでみられませんでした。その点で支援室の活動は，東大理学部発の，学生相談の新しいかたちとなるわけです。

　では，そのような機能とは，どのようなものでしょうか。どのように組織化されているのでしょう。本章では，その点についてみていくことにします。

Ⅱ 大学システムにおける，従来の学生相談機関の位置づけ

　学生相談と大学との関係をみていくために，大学をシステムとしてみていくことにします。図1に示すように大学コミュニティの下位システムとして，主として教員システム，事務員システム，学生集団があります。医学部がある大学では，これに附属病院が加わることがあります。教員システムと事務員ステムは，大学の運営のためのシステムとなっており，両者が協力して学生の教科教育を遂行する機能を担っています。しかし，残念ながら学生の人間的成長や，学業以外の問題解決のために，それぞれのシステムが協力する体制にはなっていません。

　もちろん，現在でも英国のカレッジなどで重視されている寄宿舎が附属となっている大学教育では，教科教育だけでなく，人間的成長を含めた全人教育が大学の重要な機能となっており，そのためのシステムが形成されています。東京大学でも，少し前までは駒場寮をはじめとして複数の学生寮があり，大学が学生の生活を含めてサポートしていたということもありました。しかし，そのような寮も年々廃止され，大学が学生の生活全体を支援する機能は，減じているといえます。また，以前は，非公式なものですが，教員や事務員と学生の間で濃密な人間的交流があり，それを通して学生が人間的に成長したり，問題解決の手助けを得たりということもありました。

　しかし，現在では，むしろ学生の側でそのような濃密な人間的交流を避ける傾向もあり，ますます大学における教員や事務員と学生の間の人間的交流は減少してきているといえるでしょう。さらに，学生の人間的成長などは，学生集団の中の交流を通して促進されたという面が強かったのですが，この学生集団の機能も減じていると考えられます。多くの学生はアパートの個室に住み，個人のプライベートライフを尊重し，あまり深い交流を望まなくなっているように思われます。

　したがって，現代の大学コミュニティにおいては，学生の人間的成長や問題解決を支援する要素が貧困化している状況にあるといえます。そのような中で

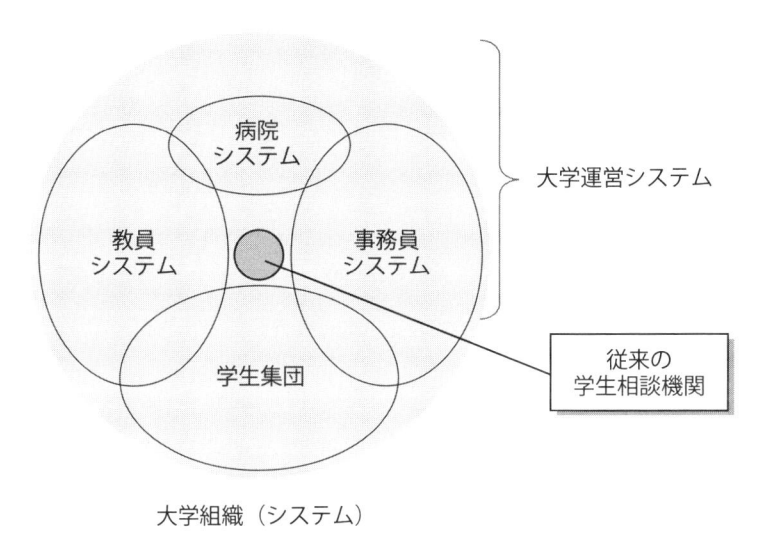

図1 大学システムにおける，従来の学生相談機関の位置づけ

　学生相談は，大学コミュニティにおいて学生の人間的成長や問題解決の支援を目的とする，唯一の公式的活動ということになります。

　しかし，実際には，それは，かなり過大なミッションと言わざるをえません。なぜならば，従来の日本の学生相談機関は，教員システム，事務員システム，病院システムのいずれにも所属せずに，システムとしては孤立した形で学生個人個人に対応しなければならないからです。図1をみていただければわかるように，従来の学生相談機関は，教育システム，事務員システム，病院システム，さらには学生集団の狭間に位置づけられています。

Ⅲ 従来の学生相談機関の活動の限界

　そのため，従来の学生相談機関は，学生には自らの学生生活と接点がないところに位置する組織と感じられるものとなっています。つまり，学生にとって学生相談機関とは，大学コミュニティの主要システムである教員組織にも事務組織にも属せず，主要建物の陰にひっそり居を構えているクリニックのようなものと映ることになるでしょう。大学の中でどこにも相談に行く場のない者が，

最後にどうしようもなくなって行くところということになります。その結果，学生が学生相談機関に来談する段階には，問題は深刻化して対応が難しくなってしまっていることが多くなります。

　このことを，他大学から進学してきた院生の場合を例として考えてみることにします。その院生は，新しい環境である所属した研究室に慣れないためにとても神経質になっていました。指導教員は，そのような学生の心理には無頓着に研究指導の一環として作業を課したのですが，研究室の器具の操作に慣れていないためにミスが目立ちました。学生は，自信を失い指導教員を避けるようになりました。指導教員の側は，それを学生の怠けとみなし，両者の間で行き違いが生じてきていました。そのような行き違いに気づかないまま指導教員が厳しく指導し，それに対して院生は言い訳を繰り返しました。指導教員は，他の学生の手前もあるので「そのような態度では修士論文など出せない」と，厳しく叱責したとします。その後，その学生は，自宅に閉じこもり，うつ状態になりました。そして，そのような子どもの状態を心配した保護者が事情を聞き出し，「それは，指導教員の"アカデミック・ハラスメント"ではないか」となりました。

　そのような場合には，本人と保護者が「指導教員からアカデミック・ハラスメントを受けてうつ病になった」という主訴で学生相談機関に来談することになります。ちょっとした行き違いから問題が深刻化して，対立構造が形成されてしまいます。あるいは，深刻な心理障害や精神障害に発展してしまうこともあります。このように対立構造や病理化が進んだ状態で来談した場合には，状態をもとに戻すことは，ほとんど不可能です。これは，院生にとっても指導教員にとっても不幸なことです。いや大学にとって不幸なことです。誰もが，このような対立や病理を生み出すことを望んでいないからです。(このようなケースに対して支援室の対応方法については，本章Ⅵで解説します。)

　また，従来の学生相談機関の場合，問題に対応する方法も限定されたものとなってしまいます。大学コミュニティを構成する教員システムや事務員ステムに属していないために，活用できる資源が限定されてしまっているからです。たとえば，うつ病などの心理障害を抱えた学生が来談した場合，その学生相談機関が主体的にできることは，面接室内でのカウンセリングが唯一の活動とい

うことになります。学生の指導教員に連絡しなければならないこともありますが，その場合は，同じ大学内にいながらも，別機関の専門家としてその指導教員に連絡を入れることになります。また，休学のために，当該学部の事務員に連絡をする必要も出てきますが，その場合も同様です。さらに，投薬治療を受けさせるために病院とも連絡することが必要となる場合もありますが，これも別機関の専門家として学生を紹介することになります。これでは，大学外にあるクリニックと何も違わないことになります。

考えてみると，教員も事務員も，大学コミュニティの成員であり，同じコミュニティに属する学生の人間的成長や問題解決を支援したいと思っているはずです。確かに学生が教員や事務員とトラブルを起こして，それが原因で不適応になることもないとはいえません。しかし，それは，ほんの一部です。本来ならば，教員システムも事務員システムも学生の成長を支援する資源になりえるものなのです。

ところが，上述のような大学システムの狭間に位置づけられた学生相談機関では，大学コミュニティのもつ，そのような学生支援資源を十全に活用できないのです。学生の生活からも大学の組織からも遠く離れたところで学生の支援をしなければならなくなってしまうのです。

では，学生の生活や大学コミュニティと近いところで学生支援をするにはどのようにしたらよいのでしょうか。

Ⅳ 大学コミュニティ内に学生相談を位置づける
——部局に注目することの意味

大学全体のシステムということでみた場合，図1のように教員システムと事務員システムは異なるものとなっています。しかし，各部局という単位でみた場合には，事情が異なってきます。実際に学生の指導をする現場である各部局では，教員システムと事務員システムと学生集団が重なり合って日々の活動が進行しています。

東京大学には，理学部・理学系研究科を含めて全部で15部局があります。それぞれの部局に学生が所属し，教員システムと事務員システムが協力して学

援助活動	・なんらかの問題に直面している者、あるいはその関係者に対して、その問題の解決のための適切な援助方法を提供することを目的とした活動
教育活動	・利用者の知識、技能（スキル）の学習の促進を目的とし、相談機関の側でなんらかの教育的プログラムやシステムを企画、運営していく活動
コミュニティ活動	・大学をコミュニティとみなし、学生相談の立場から大学コミュニティに働きかけを行い、大学全体の環境改善をはかることを目的とした活動
研究活動	・学生相談活動を効果的に行うため、学生相談活動自体を研究対象とし、相談活動の方法と将来の方向性を探っていくことを目的とした活動

図2　学生相談活動の方法

生の教科教育にあたっているのです。学生は、自分が所属する部局における学業を中心にして生活を組み立てています。まさに各部局が教員、事務員、学生が交流するコミュニティになっているのです。したがって、学生の生活や大学コミュニティに近いところで学生支援をするためには、学生相談機関を各部局に所属させ、部局のコミュニティにおいて活動を展開すればよいのです。

　では、単に部局に学生相談機関を位置づければ問題は解決でしょうか。答えは否です。学生相談の活動方法とシステムを変えなくてはいけないのです。学生相談の方法は、図2に示すように4つに大別できます[2]。4つの方法の中で援助活動を唯一の方法、あるいは主要な方法とするのが従来の学生相談のあり方です。しかし、そのような活動をしている限りは、いくら学生相談機関が部局に所属しても、学生の生活や大学コミュニティに近いところで学生の支援活動を展開することができません。

　むしろ、コミュニティ活動を中心として援助活動、教育活動、研究活動をバランスよく展開していくことが、学生の生活や大学コミュニティに近いところで学生の支援活動を展開するための前提となるのです。そのような活動では、単に学生の人間的成長や問題解決の支援をするだけでなく、大学コミュニティに働きかけ、コミュニティ自体が学生の支援機能をもつようにしていくことも重要な目的となります。そのような活動を展開できた場合、学生相談が大学コ

ミュニティに近いところで行われるというだけでなく、教員も事務員も学生支援の活動に参加することになります。それは、大学コミュニティ自体が学生相談機関と協働し、学生の成長や問題解決を支援する活動を展開することになります。

Ⅴ 教員や事務員と協働してコミュニティ全体で問題を解決する

このような視点から学生支援ということを改めて考えてみると、学生支援は、何も学生相談機関の専売特許でないことが見えてきます。図3に示したように大学コミュニティでは、日常的学生支援、制度化された学生支援、専門的学生支援が行われています。学生相談は、その中の専門的学生支援に相当します。従来の学生相談は、自らの活動を専門的学生支援に限定し、その枠内で活動をしていたことになります。しかし、それでは、図1に示されている大学内の学生支援の活動を社会的資源として活用していないことなります。それでは、大学内に存在する意味がないともいえます。学外のクリニックと何も変わらないことになってしまいます。

支援室は、上述のコミュニティ活動を中心的活動とし、大学コミュニティに存在するさまざまな学生支援資源と協働して、多様な学生相談活動を展開していくことを目的としています。その結果、支援室は、学生の個人的相談に加えて、コミュニティ内の支援資源をつなぎ合わせて、問題を適切に、しかも短期間で解決するための支援体制を設える活動を最も重要な機能として発展させることになりました。問題が学業や進路変更に関する事柄であれば、支援室の運営委員会のメンバーとなっている教員で、当該学生の専門に近い方に相談への協力をお願いするという方法を取ることもあります。また、研究室内でも人間関係や指導教員とのトラブルであれば、当該研究室や指導教員とは直接利害関係にない教員に、問題解決の協力をお願いすることもできます。

このような理学部・理学系研究科というコミュニティと協働して学生相談を展開するシステムを構成したことで、活動をより洗練させることも可能となりました。一口に大学といっても、それぞれの部局で学生のニーズも問題の特徴

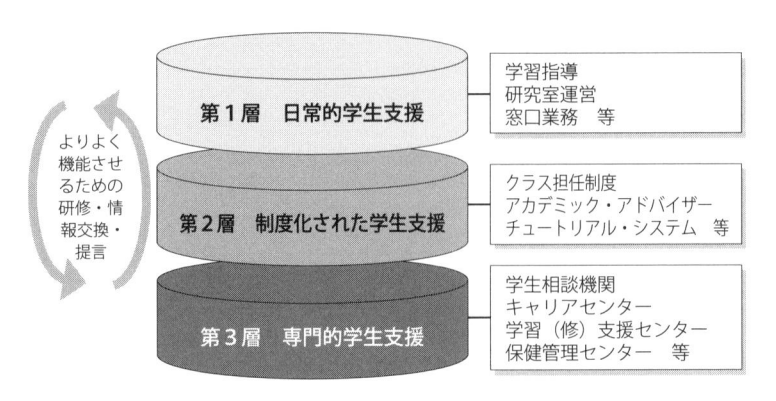

第1層　日常的学生支援
学習指導
研究室運営
窓口業務　等

第2層　制度化された学生支援
クラス担任制度
アカデミック・アドバイザー
チュートリアル・システム　等

第3層　専門的学生支援
学生相談機関
キャリアセンター
学習（修）支援センター
保健管理センター　等

よりよく機能させるための研修・情報交換・提言

図3　大学コミュニティ内の，さまざまな学生支援の活動
「大学における学生相談体制の充実方策について」（日本学生支援機構，2007）より抜粋

も異なってきます。本書でも後述するように東京大学の理学部・理学系研究科ならではの問題があります。部局附属の学生相談を展開することによって理学部・理学系研究科の特性や学生のニーズに応じたコミュニティサービスを提供することが可能となっています。また，理学部・理学系研究科に特有の文化や起こりやすい問題に対する知識が年々蓄積されつつあることで，個々のケースに対するより細やかな目配りが可能となります。反対に，複数のケースから問題の原因となっているような共通の因子を推測できる場合もあり，その点について部局に対して積極的にフィードバックを行うことで，以後同種の問題発生の予防につなげることもできるようにもなります。

Ⅵ　教員や事務員と協働する方法

このように大学コミュニティと協働する学生相談を展開している支援室では，個々の学生の問題解決の方法も，従来の学生相談の方法とは，異なったものとなってきます。大学コミュニティ内の支援資源を調整し，学生の問題解決を総合的に支援する体制を構成することが中心的方法になってきます。それについては，すでにpart 1をお読みになった皆さんは，お気づきのことと思います。

そこで，本節では，そのような支援室ならではの問題解決の仕組みについて，

第6章　大学コミュニティと協働する学生相談を創る　97

ケースを通して簡単に説明を加えることにします。ここでは，本章Ⅲで取り上げた院生のケースを異なる視点で取り上げることにします。次のような相談を受けた場合，皆さんは，どのように対応するでしょうか。

　「そちらの大学院に通う息子が悩んでいるがどうすればいいか」という，母親からの電話が教務係に入ったのがきっかけでした。「本人が，『悩んでいることは先生には絶対に知られたくない』と言うので内密に対応してほしい」とのことでした。教務係から連絡を受けた相談員がすぐに対応し，その後に母親が来談し，相談員と相談の結果，「本人の，支援室への来談を母親から勧めてもらう」ことにし，そのときに留意点などを確認しました。
　その後，本人が来談をしました。他大学の学部を卒業して，本学の大学院に進学してきた修士課程1年の男子学生でした。前期が終わる7月に支援室に来談しました。訴えは，「指導教授から嫌われている。態度が厳しいし無視されることもある。怖くて研究室に行きたくない。大学院を辞めてしまおうかと思う」というものでした。
　学生は，次のようなことを主張しました。

・「服装が派手」「時間にルーズ」等，厳しく注意される。挨拶をしても無視。夏学期中，修士論文の打ち合わせもない。「自分は放置されている。外部入学だから自分にだけ冷たい」。
・何事もなく登校しているのでおそらく先生は気づいていない。本当は怖くて研究室では萎縮してしまう。何をしても怒られる気がする。最近はよくトイレで泣いている。動悸や吐き気，気分が滅入る。
・学内に相談できる人はいない。先輩はいい人だが見て見ぬふりをしているようだ。

　話の内容からも，現在所属している研究室に復帰することは難しいと考えられました。そこで，相談員のほうで，研究室を移動することも可能であることを提示し，本人の意向を慎重に確認をする作業を行いました。本人が，「そのような方法があるならば試したい。しかし，自分から指導教授に言い出すことはできない」と言う

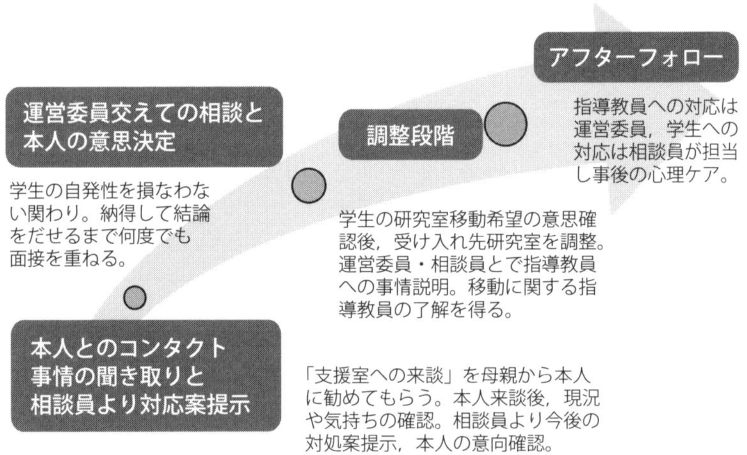

図4　ケースに対する支援室でのサポート

アフターフォロー
指導教員への対応は運営委員，学生への対応は相談員が担当し事後の心理ケア。

運営委員交えての相談と本人の意思決定
学生の自発性を損なわない関わり。納得して結論をだせるまで何度でも面接を重ねる。

調整段階
学生の研究室移動希望の意思確認後，受け入れ先研究室を調整。運営委員・相談員とで指導教員への事情説明。移動に関する指導教員の了解を得る。

本人とのコンタクト　事情の聞き取りと相談員より対応案提示
「支援室への来談」を母親から本人に勧めてもらう。本人来談後，現況や気持ちの確認。相談員より今後の対処案提示，本人の意向確認。

ので，彼が所属する専攻から選出されている支援室運営委員会の教員に間に入ってもらい，研究室の移動の道を探ることを提案しました。彼は，最初は「指導教員がどう思うか不安である」として，そのような方法を躊躇していました。そこで，相談員のほうで，まずは運営委員の教員と会って相談をしてみることを提案し，支援室で，相談員が立ち会ってその教員との会合をもちました。彼は，その教員の説明を聞いて安心し，研究室移動の手続きを進めることになりました。以後の経過は，図4に示す通りです。

Ⅶ　学生相談の新たな発展に向けて

以上，なぜ理学部学生支援室が学生相談の新しいかたちを示すものであるのかについて，大学コミュニティとの協働という観点から説明しました。このような新しい活動を展開するためには，相談員の学生相談活動に対する意識，つまり発想を変えることが第一に必要です。しかし，それだけでは十分ではありません。新しい発想に基づいて活動を展開するためのビジョンを形成し，それを，所属する部局の教員や事務員に的確に伝えて，協働してそのビジョンを実現していくための組織を構築していく作業が次に必要となってきます。

組織作りは，学生相談の知識や技術とは異なる能力が必要となります。社会的意識と言えるものが必要となります。ここでは，実際に組織を動かしている事務員に教えてもらうことも多くなります。コミュニティと深く関わりながら活動を展開するためには，コミュニティにしっかりと根差した組織や規則を構成しなければなりません。そのような組織や規則があってこそ，他のコミュニティ成員と協働して実践する活動を柔軟に展開することが可能となります。

　そこで，次に第7章では，このような学生相談を可能にする組織とルールについて解説します。そのうえで第8章と第9章では，新たなビジョン，組織，規則に基づいて運営されている支援室の活動の実際を具体的に記述することにします。読者の皆さんには，part 2での解説を通して，part 1で語られたさまざまな相談活動を可能にしている組織としての支援室のあり方をご理解いただければと思います。

（下山晴彦・榎本眞理子）

文　献

1）藤川麗（2007）臨床心理のコラボレーション―統合的サービスの構成．東京大学出版会.
2）下山晴彦（1997）臨床心理学研究の理論と実際―スチューデントアパシー研究を例として．東京大学出版会.

●コラム・東京大学，理学部・理学系研究科の大きさは？

　現在，東京大学には，学部生・大学院生・研究生・聴講生を含めると3万人ほどの学生が在籍しています。3万人の学生生活の充実のため，全学の組織である保健センターを中心に学生相談所，なんでも相談コーナー，ハラスメント相談所などの相談機関が置かれていますが，部局として学生のための相談機関を有しているのは，法学部・法学政治学研究科と理学部・理学系研究科の2つしかありません。

　それでは，3万人のうち，理学部・理学系研究科の学生が占める割合はどの程度でしょうか。現在，理学部には約700人の学生が在籍し，理学系研究科（大学院）には，修士課程の学生が約850人，博士課程の学生が約700人います。これだけの人数に対し，専任の相談員を2人置いているのは，他部局にはみられない特徴だと言うことができます。また，学部生よりも院生の方が2倍も多いので，大学院生の相談が多くなっているという傾向もあります。

（末木　新）

第7章

協働のためのシステムを作る

I 学生支援室のサポートを支える仕組み
―― 運営委員会システム

「コミュニティ全体の協働による学生支援」という信条は，響きがよく，またいくらかの目新しさも付随して魅力的なスローガンに映る一方，「コミュニティ全体」「協働」という言葉は，抽象的で，一体だれがどのように学生サポートに関わっているのか，支援の実情が見えにくいようにも思えます。そこで本章では，「コミュニティ全体の協働による学生支援」を理学系がどのように成立させているか，その実践や工夫のあれこれを詳らかにしたいと思います。まずは，学生支援室の理学部内での組織的位置づけを確認します。図1に示したように，支援室は，研究科長と企画室という執行部直属の教育推進委員会の下に位置づけられます。

次に支援室システムの要でもある，運営委員会システムについて紹介しましょう。支援室では，図2のように運営委員会という制度を設けています。運営委員会は以下の総勢20名ほどのメンバーで構成されています。

・部局執行部の教職員（研究科長，副研究科長，事務部長，部局内の教育や研究関係の案件を取り扱う教育推進委員会のメンバー）
・各専攻から最低1名選出される教員（上記執行部メンバーと重複する場合もあり）
・学生の学務教務に携わる事務部署の管理職職員

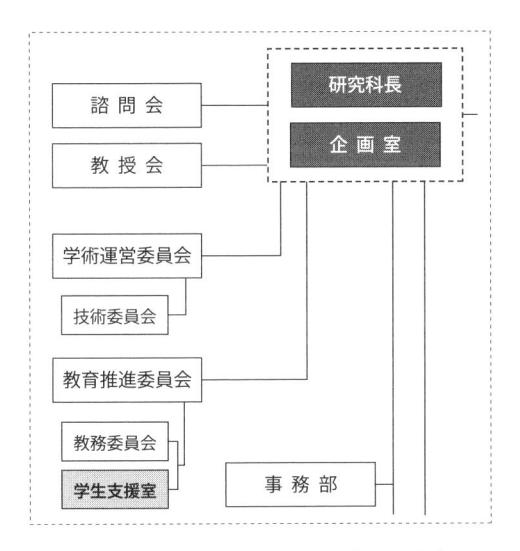

図1　支援室の理学部内での組織的位置づけ

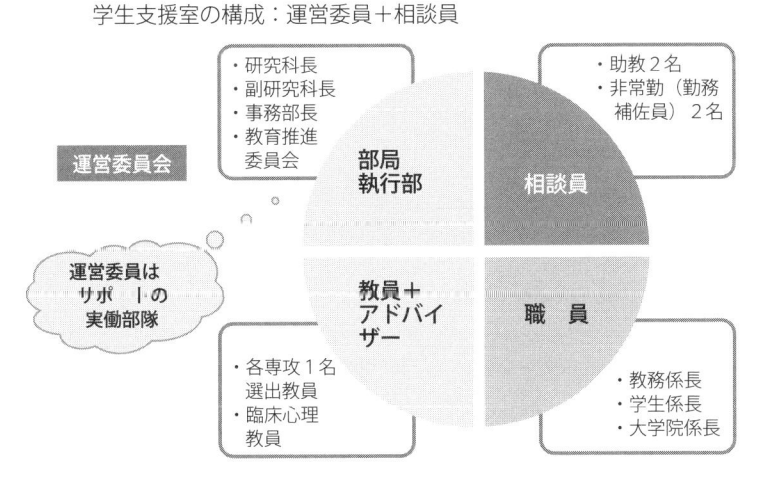

図2　支援室のサポートを支える仕組み

・学生相談関連のアドバイザーとして臨床心理学専門の教育学研究科教員

　運営委員制度の特徴は，運営委員メンバー全員が「サポートの実働部隊」として相談員とチームを組み学生支援にあたる仕組みになっていること，「コミュニティネットワークの中継点」として機能していることです。学生相談の運営に教職員が参与する場合，その活動は事務レベルでの協議に限定されていることもありますが，支援室では，運営委員教職員が，ケースレベルで実践上，学生・保護者面談や相談員へのコンサルテーション，部局内支援者の選定や紹介など，多様な役割，活動を担っています。運営委員と相談員の協働によるサポートの実際は part 2 で紹介したケースの数々を参照して下さい。

　運営委員の構成も工夫しています。執行部から事務職員まで多様であり，そのバラエティによって，支援室でカバーできる問題の幅広さ，問題解決時の機動性が保証されています。たとえば，部局で実権をもつ立場の執行部運営委員メンバーとの連携により，部局内トラブルの解決，学生の所属移動に関する意思決定等々において，短期で円滑な問題解決が図れます。また，理学系はそれぞれが固有の学問特性をもつ6つの専攻に分かれていますが，これら各専攻別に運営委員を有することで，学生からの学業面，研究上の相談に対しても適宜指導や助言を仰ぐことができます。学務や教務の事務職員が運営委員として関与し，部局内の支援方針を共有できていることにより，休復学や転学部転学科などにまつわる種々の手続きや相談に対しても，機を逸することなく丁寧で質のよい対応が得られます。

　このように，さまざまなポジション，レベルで学生にサポートを提供しうる多彩な人材確保の仕組みが運営委員制度です。この強みのおかげで「コミュニティ全体による協働」を展開するための道が開けていると言えます。

　大学の中で学生が抱える問題を解決ないし軽減するためには，学問・研究上の専門的見地からの助言やガイダンス，臨機応変な環境調整や，所属文化，業界情勢に関する詳細な情報提供など，相談員による心理教育的手法にとどまらない，教職員，それぞれの専門家による支援が，有効な場合も多いものです。支援室の運営委員制度は，その学生にとって，まさにそのとき必要であるサポートを提供するため，信用できる適切なリソースに迅速につなぐことができる機

能的なシステムだと考えています。

Ⅱ 学生支援室のルール作り

　前節では，支援室協働システムの基盤である運営委員制度を紹介しました。次に，支援室の存在基盤ともいえるルール（規程や運営方針）について，主に生成プロセスの面から説明します。支援室ではルール作りにおいても，コミュニティとの相互作用で臨機応変に制定，改定がなされます。設立当初に制定されたルールが習慣的に踏襲されているのではなく，実際の相談活動やコミュニティ活動，教職員とのやりとりの影響を受けながら，柔軟に改変されているということです。現場で相談員がルールに沿って業務を進めてみると，学生のニーズにそぐわなかったり，理学系コミュニティの文化に適さない面が浮上してくることもあります。そのような違和感やずれを見逃さず，ルール自体の適正性を，現場の相談員と運営委員とでよく吟味する作業を繰り返し行います。

　ルールの見直しが図られるきっかけは，相談員の日常面接業務からボトムアップで問題が抽出される場合と，部局執行部からの提案によるトップダウンで問題が俎上に乗る場合の2つのパターンがあります。部局執行部からのトップダウンで方針転換の提案がなされた例を紹介しましょう。

　例：支援室の来談者数や面接回数などの来談統計資料を，部局内のどの範囲まで開示をするかという方針について，相談員と執行部の意見のすり合わせを行ったことがありました。

　相談員側は，統計資料は個人情報とは言えないものの，情報自体がどのように教職員や学生に受け止められるかは定かでない（「来談者数が在籍学生数に比して非常に少ないと捉えた者は，来談自体に対して特異な行動という偏見をもつかもしれない」等）と考え，部局内一部執行部までの開示にとどめたいと主張しました。

　しかし，執行部からは，統計処理された基礎資料は，部局の教職員全員で共有したほうがよい情報であり，むしろ学生や教職員に「相談行動はあたり前のこと」と捉えてもらうためにも，ある程度の情報はオープンにしてよいのではないかとの意見が出されました。後述するように，コミュニティでの情報共有や情報発信の重要

性を考え，相談員も統計資料の積極的な開示に意味を見出すようになりました。

上記の例のように，学生支援のあり方については，相談員の側からすれば心理援助の世界において自明のことである事柄が，理学系の教員側からは，「違和感を感じる」，「理学系学生の実情にそぐわない」といった指摘がなされることもあります。しかし，「コミュニティの改善」「大学生活の質を向上させる」という理念を共有できていれば，たとえ意見が異なってもおのずと解決の道筋は見えてきます。ボトムアップ，トップダウンのいずれの場合も，学生の利益や理学系風土を踏まえてすり合わせを行い，理学系の実情に合った規程の改訂，方針の調整を行っていることが理解していただけたでしょうか。現行の規程は資料として，次頁に掲載しました。重要なのは，相談員と部局執行部が意見交換，議論することを厭わず，率直に対していくことだと考えています。

Ⅲ 教職員システムとの日常の情報交換

ここでは，支援室が理学系コミュニティでどのようにして教職員システムとの意志疎通を図っているか，情報交換のあり方を紹介します。

支援室の相談員が，日頃面接場面で学生と接しながら抱くさまざまな所感や問題意識には，学生の生きにくさや葛藤といったプライベートな生の声が反映されています。それは，教職員の目には触れにくい，しかし部局にとっては貴重な資料だと言えます。当然のことながら個人情報は伏せ情報を加工しますが，必要に応じて執行部や教職員全体に発信することを心がけます。このような日常のやりとりは，公式の会議や会合の場を設定するわけではないインフォーマルなコミュニケーションですが，日常の情報交換を端緒に，執行部が問題意識を発展させ即妙な企画が展開される場合もあります。

例：支援室から執行部に向けて，高等教育における発達障害支援の遅れが問題視されていること，併せて支援室での発達障害支援状況をメール発信しました。これはあえて本件のみを報告したわけではなく，別の案件に添えての補足的な情報提示でした。すると，そのメールを読み，発達障害支援に関して部局内教職員啓発の必要性を認識した研究科長が，発達障害リーフレット作成を発案しました。その案を

東京大学大学院理学系研究科・理学部学生支援室規程

平成17年1月12日教育推進委員会承認
平成19年7月11日教育推進委員会改正
平成22年5月12日教育推進委員会改正

（設置）
第1条　東京大学大学院理学系研究科教育推進委員会の下に学生支援室（以下「支援室」という。）を置く。

（目的）
第2条　支援室は，大学院理学系研究科及び理学部に所属する学生に関し，次に掲げる項目について支援を行う。
　(1) 進路修学に関すること
　(2) 心理性格に関すること
　(3) 対人関係に関すること
　(4) 心身健康に関すること
　(5) その他学生生活に関すること
2　支援室は，大学院理学系研究科および理学部に所属する学生の保護者，及び学生の指導にあたる教員に対し助言を行う。

（室長，副室長，主任及び室員）
第3条　支援室に室長，副室長，主任及び室員若干名を置く。
2　室長は，教育推進委員会委員長をもって充てる。
3　室長は，支援室を代表し，その管理及び運営を総括する。
4　副室長及び主任は室長が指名する。
5　副室長は，室長を補助し，支援室の業務を掌理する。
6　主任は，室長及び副室長を助け，支援室の業務を整理する。
7　副室長，主任及び室員には，臨床心理士の資格を有しているものを含めるものとする。

（運営委員会）
第4条　支援室の管理及び運営等に関する重要事項を審議するため，運営委員会を置く。
2　運営委員会は，委員長及び委員をもって組織する。
3　委員長は，室長をもって充てる。
4　委員長に事故があるときは，あらかじめ委員長の指名する委員がその職務を代理する。
5　委員は，次の各号に掲げるものとし，第2号から第4号までの委員については理学系研究科長が委託する。
　(1) 教育推進委員会委員
　(2) 理学系研究科専任の講師以上の者
　(3) 支援室員
　(4) 研究科長が必要と認める者
6　前項第2号及び第4号の委員の任期は2年とする。
7　委員は必要に応じて室員の活動を支援する。

（庶務）
第5条　支援室に関する庶務は，事務部学務課学生支援チームが担当する。

（個人情報保護）
第6条
支援室において個人情報とは，個人情報の保護に関する法律（平成15年法律第57号）において使用する用語の例によるものとする。
2　支援室は，業務に伴い入手した個人情報の安全管理を図り，あらかじめ同意を得た目的以外の目的において使用しない。
3　支援室は，業務に伴い知り得た個人情報を，学籍消滅から満5年を経過したものについて破棄するものとする。

（補則）
第7条　この規程に定めるもののほか，支援室の運営等に関する必要な事項は，室長が支援室内規として別に定める。

資料　東京大学大学院理学系研究科・理学部学生支援室規程

受け，支援室が急遽『発達障害の理解と対応』と題したリーフレットを作成し，教授会で配布しました。

支援室では，教員システム全体にも情報を発信するため，来談状況に関する基礎統計資料を，月々Ａ４用紙１枚に収まる容量にまとめ，支援室月間報告書として教育推進委員会，教授会，教務委員会で配布しています。なお，このような報告書を配布する際に，常に留意しているのは，情報開示における来談学生のプライバシーが守られる限度，臨界点はどこまでかということです。データから個人が推定されることがないよう最大限に配慮します

教職員は本務に多忙です。メンタルヘルスの知識や，不調を抱える学生への対応方略を改めて身につけてほしいと要望することは負担でしょうが，日常業務の中で気軽に吸収してもらえる程度の情報を，折に触れコンパクトに繰り返し提示する方法として，月間報告書は機能していると考えています。

Ⅳ 協働をベースにした予防活動の実際

理学系ではコミュニティと支援室とで連携を取りながら予防活動も展開しています。ここでは，予防活動として学部生の不登校問題に対処している実践を紹介します。

たとえば，学部３年生数名の学生が，「ここ２～３カ月，○○くんを大学でまったく見かけないんです。メールにも電話にも返事がない。一人暮らしだし引きこもりになってるんじゃないかと思って心配で。どうしたらいいですか？」と，教職員のところに相談に来たとします。このような学部生の不登校状況に対して，どのような対応が適切でしょう。不登校状態の学生に，相談を受けた教職員が自らコンタクトするのがよいでしょうか。あるいは，相談に来た学生たちに繰り返し連絡をとってみるよう勧めますか。自宅に訪ねて安否を確認してはと提案する手段もあります。保護者の連絡先を調べて一報したほうがよいでしょうか。状況により，何が適切な対応かは難しい問題です。

大学院生は研究室での人間関係が密接なので，学生の登校が滞ると研究室内

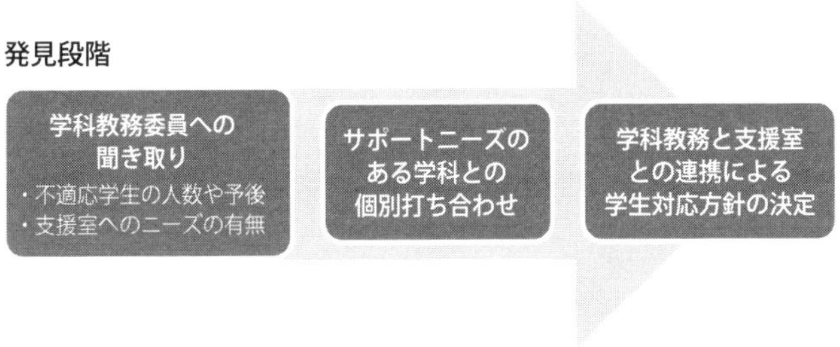

発見段階

```
学科教務委員への聞き取り
・不適応学生の人数や予後
・支援室へのニーズの有無
  ↓
サポートニーズのある学科との個別打ち合わせ
  ↓
学科教務と支援室との連携による学生対応方針の決定
```

図3　ケース2の状況を回避するための支援室のサポート

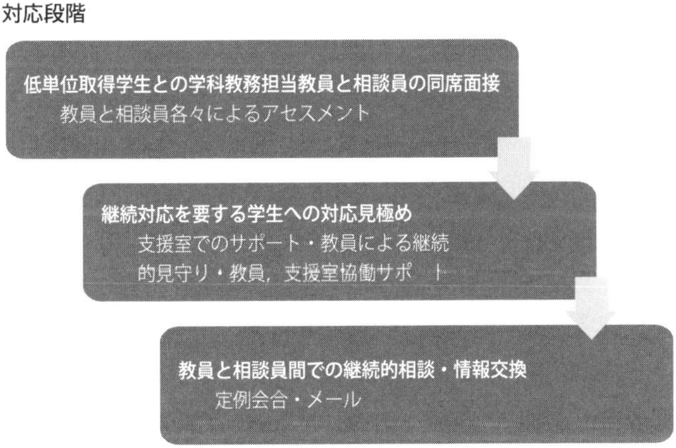

対応段階

```
低単位取得学生との学科教務担当教員と相談員の同席面接
  教員と相談員各々によるアセスメント
  ↓
継続対応を要する学生への対応見極め
  支援室でのサポート・教員による継続
  的見守り・教員，支援室協働サポート
  ↓
教員と相談員間での継続的相談・情報交換
  定例会合・メール
```

図4　低単位取得学生・不登校学生への対応

で気づかれるケースが大半ですが，学部生は，研究室に所属していなかったり，所属していても院生ほどには関係が密でないため，不登校や怠学の発見が遅れがちです。また，一度長期不登校に陥った学生とつながるのは非常に困難です。そこで，理学部と支援室では，長期不登校の学部学生をできるだけ早期に発見し，早期に対応できるよう，図3，図4のような予防のための実践を展開しています。

まず支援室では，不登校，怠学学生の実態を学科別に把握する必要があると考えました。そのために，各学科の学務関連の業務を担っている教務委員の教員に，それぞれの学科において，「不登校，低単位取得学生がどの程度存在す

るか」,「学科から支援室へのニーズはあるか」を中心に聞き取りを行いました。と言うのも，理学部という一部局の中でも，各学科により文化や教育方針の違いがあり，学生支援への考え方ついても微妙な温度差があります。たとえば少人数構成の学科などでは，仮に不登校気味の学生がいても実験や実習の際に教員がすぐに気づくので，支援室へのニーズは少ないという事情があります。すべての学科に一様のサービスが必要なのではなく，支援室に対してニーズのある学科にフォーカスして，個別対応を考えるほうがコミュニティ活動として有効であると判断しました。聞き取り後の予防活動としては，ニーズのある学科の教務委員や学科長などキーパーソンと連携し，不登校や怠学学生の発見と対応について計画を検討し実践に移しています。詳細は図4をご参照下さい。

　このような予防活動により，それまで「放っておかれて最終的に退学を選ぶしかなかった学生」「相談機関に自主的につながれなかった学生」「教員がどのように対応してよいか困惑していた学生」等,部局内でサポートがかなわなかった学生の支援に目が行き届くようになってきました。

Ⅴ　協働システムを形成する

　支援室は，理学系という既存コミュニティに参入し，教員や職員という異職種システムと協力しながらコミュニティ支援を展開してきました。そのためにとったアプローチは，相談場面やコミュニティという生活の場で生じる「ニーズ」に着目し，こだわる姿勢をもつこと，「ニーズ」を探索する際には，学生と部局全体，ミクロとマクロの複層的な視点から検討することでした。具体的には，相談員が日常の相談活動を通じて把握したボトムアップからのニーズと，理学系の部局としてのニーズ，執行部や教職員システムからのトップダウンのニーズとをすり合わせ，合体させながら，コミュニティの中で支援室としてどのように働くべきか，関わっていくべきかを案出してきました。支援室の果たすべき役割が自明のものとして存在するわけではありません。図5に示すとおり「ニーズ」を道標に，その時々でコミュニティに必要な活動を考えながら機能や役割を創り出してきたのが実情です。

　それでは，支援室の機能とはどのようなものでしょう。図6に示すように3

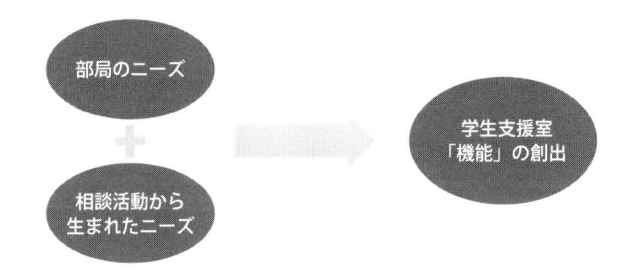

第7章　協働のためのシステムを作る　109

図5　学生支援室機能の創出プロセス

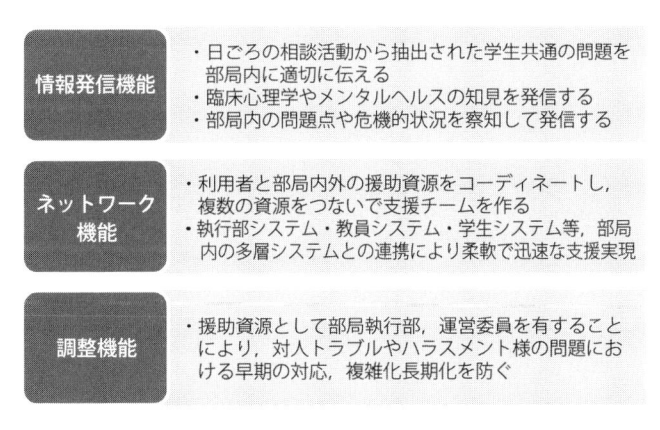

情報発信機能	・日ごろの相談活動から抽出された学生共通の問題を部局内に適切に伝える ・臨床心理学やメンタルヘルスの知見を発信する ・部局内の問題点や危機的状況を察知して発信する
ネットワーク機能	・利用者と部局内外の援助資源をコーディネートし，複数の資源をつないで支援チームを作る ・執行部システム・教員システム・学生システム等，部局内の多層システムとの連携により柔軟で迅速な支援実現
調整機能	・援助資源として部局執行部，運営委員を有することにより，対人トラブルやハラスメント様の問題における早期の対応，複雑化長期化を防ぐ

図6　部局との協働において果たす3つの機能

つの機能,「情報発信機能」「ネットワーク機能」「調整機能」にまとめられます。それぞれを簡単に解説しましょう。

　「情報発信機能」については，Ⅲで具体例を紹介しました。3つの側面があります。1つには，面接場面を通して相談員が把握する学生の問題，葛藤など学生の生の声やありようを，時代や社会情勢も踏まえたうえで丁寧にコミュニティに伝えることです。2つ目には，心理援助，心理学やメンタルヘルスに関する知見や情報を発信することです。コミュニティのメンタルヘルス・リテラシーを向上させることにもつながります。そして3つ目には，コミュニティで発生する危機的状況や，改善を要する望ましくない傾向など，教職員システムの目の届きにくい情報をいち早く察知し，俯瞰的視点から警告発信することです。これは，センサー機能[2]とも説明しうるもので，コミュニティに対して

コンサルティング的に関わることを意味します。

次に「ネットワーク機能」です。これは，コミュニティ内外に埋め込まれている援助資源を発掘し，学生との橋渡しをしたり，援助資源同士を結びつけながらチームを形成したりする，支援室がコーディネーターとして果たす役割のことです。ある学生の相談内容について，どの教員，もしくはどの学内相談機関に援助を求めることが適切か，援助資源の選定について見立てを行うこと，援助資源側に担ってほしいサポート内容やその背景を説明し支援チームへの参加を依頼すること，学生に援助資源を紹介すること，チーム援助が円滑に運び学生の問題が解決に至るまで目配りを続けること等が具体的な内容です。

最後に「調整機能」ですが，これはコミュニティの中で発生する対人問題等について，学生の利益を守りながら協調的な問題解決を図るため，問題が軽微な早い段階で介入していく機能です。第6章でも例に挙げて説明した通り，問題発生から長時間が経過してしまうと，問題が深刻化し解決が困難になりますし，その分学生の心身への影響も大きく，また不運なことに学生の卒業や進学，就職等に支障をきたす結果になってしまうこともありえます。

このように，理学系の中でコミュニティのニーズに応じた支援の方法，内容を模索し展開できるのは，コミュニティとの協働システムが形成されているからだと言えます。これからも，理学部の研究・学業環境を改善し，学生の大学生活の質を向上させるために，「みんなが資源，みんなが支援」[1]という認識をコミュニティ内に醸成していくことが，支援室の重要な目標のひとつだと考えています。

(榎本眞理子)

文　献

1）難波博子（2004）みんなが資源，みんなで支援（巻頭言）．学校心理学研究，4(1); 1.
2）吉武清實（2005）改革期の大学教育における学生相談―コミュニティ・アプローチモデル．教育心理学年報44.

第8章

学生支援室の活動の紹介

本章では，支援室の体制，相談面接までの流れ，相談内容の3つに分けて説明する形で，支援室がどのようなところであるか紹介します。

Ⅰ 学生支援室の体制

まず，支援室の体制を紹介したいと思います。支援室には，4人の相談員がいます。4人は，助教2名，教務補佐員2名で構成されており，いずれも心理援助の専門職です。そして相談員は，男女それぞれ2名です。通常は，平日の10時～17時が開室時間となっており（13時～14時が昼休み），2名の相談員で業務を行っています。

支援室の室内構造を示したのが図1です。図1のように支援室は，2つの部屋からなっています。ひとつの部屋は，図2の面接室です。もうひとつの部屋は，図3のような受付，ミーティングスペース，待合室からなっています。

比較対象があるほうが，支援室の体制がイメージしやすいかもしれません。そこで支援室と，「2009年度学生相談機関に関する調査」[2)]における学生相談機関全体と，支援室と同規模の学生相談機関の設置状況の比較結果をまとめたものが表1です。

Ⅱ 相談面接までの流れ

次に，受付から相談面接に至るまでの流れを説明します。

図1　室内構造

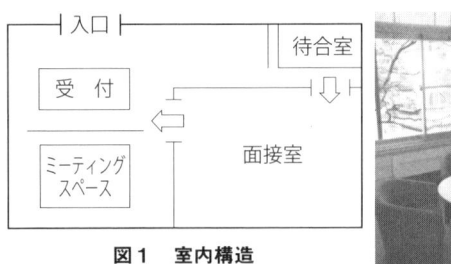

図2　面接室

図3　受付

表1　支援室と全国平均との比較

	支援室	学生相談機関（全体）	学生相談機関（1001-5000人）
相談員数	4人	3.2人	3.2人
実質相談員数	2.35人	0.87人	0.84人
室数	2室	2.4室	2.2室
開室日数	5日	3.9日	4.1日
開室時間	30時間	23.7時間	25.6時間

＊実質相談員数の平均は，「専任相談員と勤務時間が40時間以上の非専任は1人。40時間未満の相談員は『勤務時間数÷40』」で求められています。

　相談を受けるためにはまず申し込みをしてもらいます。支援室では，直接来室・電話・メールによって申し込みができます。支援室は，理学部・理学系研究科の学生を対象としていますので，来談時には学生証を確認します。そして，学生が何を求めて支援室に来られたかも尋ねます。メールでの申し込みの場合は，支援室のウェブサイトにある申し込みフォームに氏名・所属・相談内容などを記入してもらいます。そして，記入されたフォームをメールにコピーし，支援室のメールアドレス宛に送ってもらい，相談員が返信する形で受付を行います。

　受付時には，受理面接をいつ行うかも決めます。受理面接とは，来談者が支援室で引き受けられるか，また引き受けるならば担当者は誰かを判断するために初回に行う面接のことです[1]。もし直接来談された学生がすぐに面接を行いたい場合で，面接室が空いていれば，そのまま受理面接を行います。もし面接室が空いていなかったり，学生が後での面接を希望される場合は，受理面接の

予定を立てます。電話とメールによる申し込みの場合は，来室希望日時を尋ね，受理面接の予定を立てます。

　受理面接は，相談面接の準備のために行います。初回の来談時には，相談受付カードに所属や相談内容等を記入してもらいます。受理面接では相談受付カードの情報を参考にしながら，相談員がより丁寧に話を聴きます。その際には，相談内容の姿をより明らかにするため，相談内容の経緯，相談歴などを聞いたりすることがあります。受理面接で以上について尋ねた上で，担当する相談員を決め，相談面接の予定を立て，相談面接が始まります。

　学生が具体的で簡単な情報やガイダンスを求めている場合は，受理面接で充分な支援が可能なこともあります。また，支援室よりも他の施設のほうがより来談者のニーズに合ったサービスを提供しているということが見えてきたときには，受理面接で適切な紹介先を伝えるようにしています。そのためにも支援室では，保健センター，ハラスメント相談所，キャリアサポート室，国際センター相談室など，学内の他の相談機関のパンフレットも用意しています。

　また支援室では，学生に関する教職員からの相談も受け付けています。たとえば，「指導下の学生の無断欠席が続いている」「実験指導をしている学生の言動が奇妙で気になっている」「研究室内の学生間でトラブルが発生した」というような，学生に関する気がかり，対応の仕方への疑問など，どのようなことでも相談に応じています。支援室から教職員へは，「ちょっと気になる学生がいる」というレベルでも気軽に支援室に連絡を取ってもらうよう勧めています。と言うのも，問題が軽微な段階のほうが，教職員の側も対応に余裕がもてますし，問題を抱えている学生にも早期介入が可能となるからです。

　また，支援室では教職員に対し，不調をきたしているようにみえる学生に気づいたら，可能な範囲で支援室の存在を伝え来談を勧めてほしいと依頼しています。具体的にどのような言葉かけで紹介すればいいのか，学生が拒絶したらどうすればいいかなど，相談機関の紹介には教職員の側も慎重に構えてしまう場合が多いようです。支援室では，教職員に対して，学生を支援室につなぐための具体的な言葉のかけ方や紹介時の文言を教示したり，学生の来談抵抗を取り除くために，場合によっては，相談員が研究室に出向いたり，教職員同伴で学生を案内してもらうなどの工夫も紹介しています。

また，教員からの相談内容については，さまざまなものに対応しています。たとえば，教員にとって研究室内に不登校の学生がいる場合には，不登校の学生が心配であるということもあるでしょう。また，メンタルヘルスに関する問題は，複雑かつ多岐にわたるうえ，心理学や精神医学等の専門的知識を必要とします。したがって，専門が異なる教職員は，そのような問題をもつ学生をどのように理解してよいのか，どのように接したらよいのか困難を感じるかもしれません。そのような場合においても支援室は，心理学や精神医学等の専門的知識を活かしながら助言を行い，教職員からの相談に乗っています。

　支援室の面接は，原則的に予約制で，1回の面接時間は50分です。また，支援室のサービスは，教育の一環のため無料です。ちなみに支援室は，電話相談やメール相談は学生に対しては原則行っていません。

　また支援室は，当然のことながらプライバシー保護も大切にしています。そのため，受理面接の前には，相談者本人の身の危険，あるいは他者の身の危険がある場合を除き，相談者が話す内容の秘密は守られることが伝えられ，相談者の同意が得られれば，書面でプライバシー保護文書への同意署名を依頼しています。また支援室は，先の図1のように受付と待合室と面接室をそれぞれ分け，来談者に時計回りに移動してもらうことで，他の来談者と接触することがないよう，最大限の配慮を心がけています。

Ⅲ　相談内容

　支援室がどのようなところであるかを紹介するため，実際にどのようなことが相談されるのかを見てみましょう（表2）。

　表2のように支援室では，さまざまな相談に対応しています。たとえば「学業・研究」については，自身の能力や資質に疑問をもったり，研究や学習の仕方に難しさを感じたり，卒業論文・修士論文・博士論文を書けるかどうか不安だといった相談があります。また「心身・性格」については，たとえば，気分が落ち込み困っている，いろいろなことに不安になりやすい，自分自身について知りたい，自分の性格を変えたいといった相談があります。そして「進路」に関しては，たとえば，進路先に迷っている，就職活動が難しい，学科や専攻を変

表2　支援室で受ける相談の例

学業・研究	能力や資質について	論文が書きあげられるか不安／研究者として適性があるか不安
	研究・学習の困難	どのように勉強すればよいか／授業の参考書を教えてほしい
	学業上の困難	授業についていけない／研究の結果が出ない／学業への興味が低下
	指導上の問題	指導教員から与えられたテーマが不本意
	手続きなど	復学の準備／海外留学の準備／結婚後の改姓の仕方
心身・性格	気分の悪化	気力がわかず登校できない／最近さみしくてやりきれない／イライラすることが多い／死にたくなることがある
	体調の悪化	何もしたくない／乗り物に乗るのが恐い／研究道具が近くにないと不安
	自身の内面等についての悩み	何が自分の幸せなのかわからない／自分とは何なのか考えたい／ネガティブな性格を変えたい
進路	卒業後の進路	なりたいものがない・働きたくない／就職と進学で迷っている
	就職	理系の就職情報が欲しい／面接でうまく話せない
	大学内での進路	博士課程進学後のキャリアが不安
	進路上の手続き	研究室や学科・専攻を変えたい
対人関係	友人・恋愛・家族	人前で話ができなくなってしまう／恋愛ができない／異性につきまとわれている／彼氏・彼女と別れたくない
	教員・その他	研究室のメンバーと同じ部屋で過ごすのが苦痛／指導教員が怖くて研究に身が入らない
コンサルテーション	教員からの相談	指導学生が不登校・ひきこもり気味だが親に相談してよいか／指導学生の言行が奇妙
	保護者からの相談	子どもの鬱が治らない／子どもが学校に行っていない／休学中の子どもへの接し方
その他		友達が不登校で心配／隣人とのトラブル

える手続きの仕方を知りたいといった相談があります。さらに「対人関係」では，研究室の人間関係が難しい，友人関係で困っているといった相談があります。学生本人ではなく第三者から学生に関する相談を行う「コンサルテーション」においても，前節で書いたようにさまざまな相談内容があります。最後に「その他」は，たとえば，学生本人ではなく友人のことについて心配していること

があったり，日常生活上で困っていることなど，他にも例を挙げればきりがないほどの相談内容があります。

このようにさまざまな相談に対応していますので，学生の中には，「こんなことで相談しに行っていいのか？」と思う方もいるかもしれませんが，気軽に支援室に来てもらえたらと思います。

さらに，表2のような個別の相談内容は，他の相談内容と関係していることもあります。たとえば，研究室における対人関係などの研究生活の充実度は，研究の進展や生産性に影響することが少なくないでしょう。そして，研究が思うように進まないと，進路が不安になるかもしれません。さらに，進路が不安になることで，気分が落ち込むこともあるでしょう。また，気分が落ち込むことによって，やる気が起きず，研究生活に対する充実度がさらに低くなるというような悪循環が生まれることもあるでしょう。このように，相談内容同士が互いに影響し合っていることが少なくないこともあり，支援室ではさまざまな相談に対応しています。

また，研究や学問の専門領域に特化した悩み，指導教員や研究室内の問題，転学や転学科のための情報収集といったことは，その領域における専門知識をもった教員や，専攻・学科の文化や事情に精通した教職員に相談したほうが，解決に至りやすいものです。そのような場合にも対応できるよう，支援室には運営委員会が設けられています。詳しくは第7章にありますが，運営委員会は，実務にあたる相談員の他に，研究科長，学生支援室長を兼任する副研究科長，教育推進委員会を兼任する各専攻最低1名ずつの運営委員，アドバイザーの臨床心理学専攻の教員，管理職の事務職員から構成されています。運営委員会は年2回開かれ，相談者のプライバシーの保護方針やその手続き等，相談業務の実務について踏み込んだ議論がされています。また支援室長は，研究科における学生関連の事案を一手に扱っている「教育推進委員会」の委員長を務めている副研究科長です。

このように，部局の中核的な立場にある教員が学生支援室長や運営委員を務めていますので，部局が学生の問題に直接関わることができる体制が整っています。したがって，学生が学習・研究面で相談したいことがあれば，学生が希望した場合，運営委員会の教員を紹介しサポートするという支援ができます。たとえば学生が，研究の仕方や学習の仕方で躓いていた場合，その学生が所属する専攻の運営委員

会の教員を紹介することが可能です。教員へのコンタクトは，学生自身が行う場合もあれば，相談員が行う場合もあります。そうやって教員へコンタクトを取ったうえで，その教員が支援室に来て相談員と一緒に学生の相談に乗ることもできますし，あるいは，その教員が教員自身の研究室において学生の相談に乗ることもできます。また，もし教員と学生の専門分野が異なれば，専門分野の近いより適切な教員を紹介することも可能となります。運営委員による具体的な支援のあり方，運営委員会の役割や意義については，第7章で詳しく紹介しています。

Ⅳ 学生支援室の活動を支えるもの

　本章では，支援室がどのようなところであるかを見てきました。そこからは，支援室が理学部・理学系研究科という部局の理念を反映した施設であるということが見えてきたと思います。理学部・理学系研究科は，学生のメンタルヘルスおよび生活環境が学業・研究に対して強い影響力をもっていることを認識しています。

　だからこそ，支援室を開室し，さまざまな相談内容に対応できる相談員と開室時間を確保し，教職員から構成される運営委員会という制度を設けています。この運営委員会があるからこそ，支援室が間に入って，学生と教職員とのつながりがスムーズになり，多様かつ複雑な問題にも対応可能となっています。さらに支援室では，教職員からの学生についての相談にも力を入れているからこそ，教職員が学生と関わる際に起こりうる問題にも対応しやすくなります。

　このように，さまざまな形態の支援を行いながら，理学部・理学系研究科の学生の学生生活をサポートするのが支援室だと言えます。

（藤岡　勲）

注1）この調査は，日本学生相談学会が全国の高等教育機関の学生相談機関に対して行った調査です。調査対象は，1280校の1345機関でした。回答数は692件で，回収率は51.4%でした。

文　献

1）名島潤慈（2010）心理アセスメント．（鑪幹八郎・名島潤慈編）心理臨床家の手引（第3版）．誠信書房．
2）吉武清實・大島啓利・池田忠義，他（2010）2009年度学生相談機関に関する調査報告．学生相談研究，30; 226-271．

第9章

学生支援室の1年

本章では，支援室の活動の中心である面接数・内容の1年の変化を概観した後に，それ以外の多様な活動を含めた支援室の1年間の流れについて説明します。

Ⅰ 学生支援室における面接

それではまずは支援室の面接活動が1年間でどのように変化するかということについてお話ししたいと思います。図1を見て下さい。

これは2006年から2009年の4年間で，支援室を新たに訪れた相談者の数，支援室で面接をした実人数，支援室で実施された面接の回数の月ごとの平均を図示したものです。

まず，新規の人数を見ますと，4月，10月，1月が他の月に比べて多くなっていることがわかります。これは，すべて長期の休み明けの月にあたります。学期が変わる4月や10月は大学生活の環境に変化があるので，研究室やその学科の文化に馴染めないといった問題やそれに伴う不登校が生じやすい時期です。また，そうした状態を心配した指導教員のコンサルテーションも増えます。1月は休み明けということもありますが，定期テストや学位論文の提出などがストレスとなっていると思われます。

次に，面接回数を見ると7月と2月に多くなること読み取れます。これらはともに学期末の時期にあたります。こうした時期には，学業面で困った学生が駆け込んでくることが多くなります。8月に面接回数が少なくなるのは，夏休

■ 新規　--■-- 実人数　—▲— 面接回数

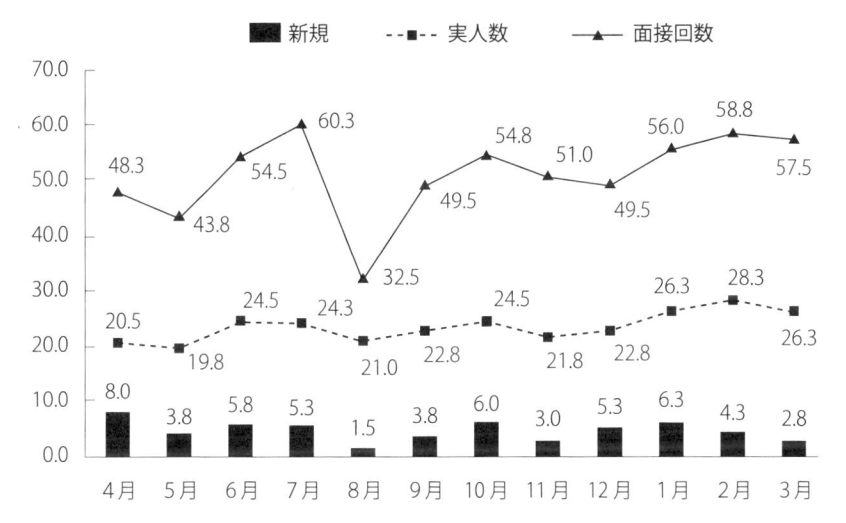

月	新規	実人数	面接回数
4月	8.0	20.5	48.3
5月	3.8	19.8	43.8
6月	5.8	24.5	54.5
7月	5.3	24.3	60.3
8月	1.5	21.0	32.5
9月	3.8	22.8	49.5
10月	6.0	24.5	54.8
11月	3.0	21.8	51.0
12月	5.3	22.8	49.5
1月	6.3	26.3	56.0
2月	4.3	28.3	58.8
3月	2.8	26.3	57.5

図1　2006-9年度における支援室での平均面接回数・面接実人数・新規ケース数（月別）

みで学生が帰省することもありますが，支援室が休室期間に入ることが大きく影響しています。また，実人数は支援室で対応している学生の概数を示すものですが，4月から3月にかけて右肩上がりに少しずつ増え，3月で卒業とともに減っていると考えられます。

　それでは，実際に1人の相談につきどれほどの面接が行われるのでしょうか。これまでの相談ケースを見ていくと，1回で終了するケースは全体の約1割です。1回で終結するケースとは，簡単な情報提供や他機関（例：保健センター）への紹介，教員へのコンサルテーションがほとんどです。具体的には，転学科・転学部をしたいのだけどどうしていいのかわからないといった学生からの相談や，研究室の中に不登校気味の学生がおり，どのように対応したらよいか悩んでいるといった教員や友人からの相談になります。

　2～12回（約3カ月以内）[注1]で終結するケースと13～24回（3～6カ月程度）を合わせると全体の約7割になり，こうした相談は支援室での面接の大きな割合を占めます。このようなオーソドックスな相談の内容としては，単位取得がうまくいかない・困っていることについて指導教員にうまく話をすることができないこともあり，思ったように研究が進まないといった学業・研究

に関する相談，就職をすべきか進学をすべきかで悩んでいて結論が出ない・就職をしようと思っているが何から始めてよいかわからないといった進路に関するもの，研究室での人間関係がうまくいかない・恋人との関係がうまくいかないといった対人関係にまつわる問題，やる気が出ない・生活リズムが乱れて眠れないといった心身の健康問題などが挙げられます。

最後に，半年以上の長期にわたり相談が続く場合が約2割あります。ここに含まれるものには，長期不登校からの再登校・卒業を目指すもの，発達障害や慢性疾患を抱えており継続的な支援が必要な場合，性格を変えたいといった相談が多く，年度をまたぎ幅広い観点からの支援が卒業まで続きます。

Ⅱ 理学部・理学系研究科と学生支援室業務の1年

支援室での面接によって多様な問題を抱える学生を支援していくためには，支援室での援助のあり方を検討するとともに，支援室自体を理学部・理学系研究科というコミュニティに位置づけるための説明・広報・規約の制定なども必要になってきます。こうした面接以外の活動を含めた支援室の1年間の活動の概要を示したのが，表1です。以下では，この表を参考にしながら，1年間を4つに分けて支援室での活動の様子を相談ケースも交えながら説明してきます。

1．新学期と学校適応（4〜6月）

まずは4月です。新学期になるこの時期には新3年生が駒場キャンパスから本郷キャンパスへと進学してきます。また，大学院では他の大学から修士・博士課程に入学してくる学生もいます。こうした学生に対して支援室を紹介することから1年は始まります。理学部・理学系研究科の各学科・専攻では4月の頭にそれぞれガイダンスを実施しますが，支援室のスタッフもこうしたガイダンスに出席し，5分ほどの時間を使って支援室の広報を行います。

広報においては，何かあった場合には気軽に支援室を訪れてほしいということを中心に，支援室の開室時間や場所などの情報を伝えます。支援室へ来室することへの心理的な敷居を下げるために，ガイダンスでは「進路や恋愛の相談などで来室する場合もある」といった形で,学生であれば誰もが困るようなケー

表1　1年間の活動イメージ

	支援室関連行事	理学部・理学系研究科の主なスケジュール
4月	新入生ガイダンスにて支援室紹介 歓迎会への参加・職員への挨拶回り 運営委員会（第1回）の開催	入学・進学・前期授業開始
5月	教職員・学生交歓会へ参加	
6月	全学学生相談連絡会議（第1回）出席	
7月	学生の試験日程・レポート期日の確認	
8月	夏季休室期間（第2〜3週） 前年度に実施したアンケート結果をリリース 学生支援関連セミナー（例：発達障害）へ参加	夏休み・大学院入試
9月	学生の試験結果・レポート提出状況の確認 教員・教務係へ成績評価に関する交渉	前期試験
10月	進学内定者ガイダンスにて支援室紹介 不登校等に関する学科へのコンサルテーションの実施	後期授業開始・前期成績発表
11月	日本学生相談学会研修会へ参加	
12月	転学科・次年度休学者の意思確認 冬季休室期間（最終週）	学位論文提出（博士）・冬休み
1月	運営委員会（第2回）の開催	授業再開・学位論文提出（学士・修士）
2月	全学学生相談連絡会議（第2回）出席 予算執行計画の確認 理学系研究科教授会にてレクチャーを実施（FD） 教員・教務係へ成績評価に関する交渉	後期試験
3月	留学生懇親会へ参加 学生・教員の相談ニーズに関する調査を実施 新入生ガイダンス準備（日程調整，パンフレット発注）	卒業式

スをもち出しながら支援室の活動を紹介します。また，学生との心理的な距離を縮めるために，可能であればガイダンスの流れに沿って学生の笑いを誘うような一言を入れることを心がけています。さらに，来室へのスティグマや時間的コストを低減するためにホームページにメール送信用フォームがあることな

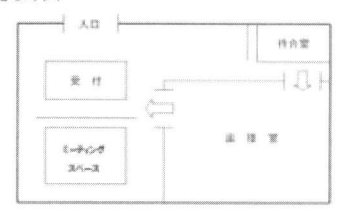

```
見取り図
  [入口]
  [待合室]
  受付
  ミーティングスペース  面接室
```

実際に相談するには

初回面接について

事前に予約を取っていただきます。予約は、電話・電子メール・直接来室の3つの手段をご利用いただけます。（連絡先はこちら）

1. 電話の場合―開室時間内に上記電話番号にお電話のうえ予約してください。
2. 電子メールの場合―申し込みフォームに必要事項を記載の上、こちらのメールアドレスに記載内容を送信してください。なお、電子メールでの予約の場合、ご連絡が多少遅れることもございます。緊急の場合は、電話か直接来室されることをお勧めします
3. 直接来室―開室時間内に直接いらして予約を取ってください

面接時間

最長で50分です。

予約のキャンセル

予約以降に都合が悪くなった場合は、キャンセルのご連絡をくださいますようお願いします。ご連絡はメール、電話、直接来室いずれの方法でも結構です。

図2　学生支援室のホームページの一部

ども紹介しています（図2参照）。

　こうした広報活動の影響もあり、4月には初めて支援室を訪れるという学生が増加します。また、年度が変わったということをきっかけに長期欠席学生への働きかけについて教職員や保護者からの相談も増加します。学部4年生、修士2年生の就職希望者にとってはこの頃が就職活動のピークとなるため、研究・学業と就職活動の両立が学生の負担を増加させるといった側面もあるかもしれません。このような事情により、新規の相談件数は1年の中で最も多くなります。

　表1にもあるように、4月の下旬には例年、運営委員会を開催します。運営

委員会は，支援室の運営方針を決めるために年2回実施される会議で，研究科長・室長（副研究科長）・運営委員・事務長・相談員などが出席します。ここでは，支援室の運営状況や今後の活動方針の報告などが実施され，新規の運営委員と相談員との顔合わせの場ともなっています。学生への支援に際し教員とも連携を取ることが多いことは他の章でも繰り返し触れてきましたが，運営委員会は教員と相談員をつなぐ役割を担った運営委員と相談員との関係を築くための場としても機能しています。4月は新規ケースも多いうえ，運営委員会の日程調整や資料作成といった仕事により相談員は多忙な日々を過ごします。

　5月になると，新たに支援室を訪れる学生の数は減り，面接回数も少なくなります。この時期は，地方から来た新入生が東京や本学に馴染めなかったり，新しい研究室文化に戸惑ったりという不適応の問題が生じやすい時期です。しかしながら来談件数が少ないのは，こうした問題がまだ顕在化していないからかもしれません。問題が深刻化・長期化する前に来談につなげるという体制をコミュニティ全体で構築することは支援活動を行ううえでも重要なことですが，まだまだこうした活動が足りていないということもあるかもしれません。こうした考えのもと，面接回数の比較的少ない月には積極的に相談員が理学部・理学系研究科のコミュニティへ出向いていきます。そこで，5月には，教職員・学生交歓会[注2]に出席し，学生には支援室に親近感をもってもらえるよう，教員からは少し気になる学生をより気軽に紹介してもらえるよう努めます。

　6月に入るとこうした状況は一変し，支援室の面接回数は増加していきます。ゴールデンウィークを境に不登校になった学生を心配した指導教員が支援室に相談をし，教員から来談を促された学生がやってくるのがちょうどこれくらいの時期になるといったことも影響しているようです。また，子どもの不登校などに気づいた保護者からの相談が増えるのもこれくらいの時期になります。また，現在では就職活動の開始時期は一段と早まっていますが，夏休みのインターン希望の学生が情報収集や各社への応募書類作成に追われるのもこの時期です。こうしたことも，新規来談者数が増える要因となっているようです。

> **ケース1　研究室での対人関係に起因する抑うつ感を訴える女子学生Sさん**
>
> 　4月から現研究室への所属になり，当初は精力的に活動していました。元来きれい好きで几帳面な性格でしたが，5月頃から他の学生が大雑把でがさつなため実験器具などが整理整頓されていないことが多いのが気になるようになりました。こうした点を注意したことから研究室内での特定の学生と関係が悪化し，また，学生をきちんと指導しないスタッフにも直接は口に出せないものの不満がたまっているという状態が続きました。
> 　研究室の居心地が悪く感じるようになったことに加え，最近は自身の研究の結果も思わしくなく，徐々に学校に行くこともおっくうになり始めました。朝もすっきりと起きられず，夜中に思い出したように辛くなって泣いてしまうこともありました。自分では学校にきちんと通学し，学業・研究に打ち込まなくてはならないと思いながら，どうしても朝起きられずやる気が出ないことから，支援室に来談することにしました。
> 　**対応と予後**：本人が服薬への抵抗を訴えたため，医療機関にはつながらないまま面接を継続しました。睡眠リズムの改善などの生活指導と並行しつつ，周囲に対してどのように自身が感じている問題を伝えればよいかといった点について考えることができるように支援しました。

2．夏休み前後（7〜9月）

　夏休み前の7月は1年間の支援室の活動の中でも最も面接活動が忙しくなる時期です。ここには学期の後半になり試験やレポート課題などで困った学生への短期集中的な支援が実施されることの影響が強く出ています。相談員は教員や事務方の職員と連絡を取り，課題期日や学務情報の確認を行います。課題レポート提出のための指導や学習方法に関する助言を求めるといった形で連携を取ることも珍しくはありません。

　また，この時期には休みに入ることを契機に前期を振り返るような内容の相談も増えます。夏休みといった節目が，学生が潜在的にもっている問題意識や悩みを刺激し，来談のきっかけを作るという効果も生むのかもしれません。専門を変更したいという悩みが語られることもありますが，こうした際にも研究者としての立場から教員に助言を求める場合があります。

　8月に入ると面接回数は半減します。これは主に支援室が夏季休暇期間に入ることによるものです。このような長期休暇においても学期中と同じペースで登校し研究活動を行う学生も多数存在しますが，帰省や旅行で心身のリフレッシュを図ったり，就職活動やインターンシップに精を出したりといった形で学

生が学内から少なくなることも面接回数の減少に影響しています。

　こうした面接の少ない時期には，相談員は研究活動や自らの専門性を磨くための活動に力を入れます。支援室で実施したアンケート調査の分析・発表や，学生相談に関わる領域に関するセミナーへの参加などがこれにあたります。研究においては，支援室での援助活動が効果的に機能しているのかという点を確認し今後の活動を改善していくため，過去に支援室へ来談した学生のその後の進路等を追跡する試みを事務方と連携しながら実施しています。また，イレギュラーの発生したケースに関する振り返りも実施しますが，こうした検討が支援室の内規・活動マニュアルの修正に発展する場合もあります。さらに，夏休み中には不登校状態になっているが支援室にも継続的につながることのできていない学生へメールや手紙でメッセージを送り，登校や来室を促すといった活動もしています。

　9月は月の後半に連休があったり，学科によっては試験中ということもあって面接回数は比較的少なめですが，新学期開始が迫るとともに進路や学業面についての相談者が増えてきます。課題提出や試験の結果がままならず，夏学期単位取得が満足になされなかった学部生や，進路決定・論文執筆に不安を抱く大学院生などの来談がみられるのが特徴です。また，大学院入試で思うような結果が出なかった学生の姿もちらほらとみられます。

ケース2　転学科／院進学時の専門変更について悩み来談した男子学生Tさん

　学部3年生に進学し専門の授業も多くなってきてからTさんは次第に，現在の学科が自分のやりたいことかどうかわからなくなってきました。興味のある分野はあるものの，やりたいことは明確にならず，このような状態では教員に相談することもできないと悩んでいました。転学科をしたい場合の手続きがどうなっているのか，大学院に進学した後に経済的に自立していくためにはどうすればよいのか，といったことも気にはなっていましたが，目の前にレポート期限が常に迫っているという生活の中で情報収集もままなりませんでした。

　対応と予後：進路変更をするために必要な具体的な情報を集めるための窓口を紹介し，希望している学科の運営教員を伝えたうえで，アポイントを取って気軽に相談するように促しました。また，進学先や転学科に関する意思決定に迷いがあるときには，いつでも来談してほしいと伝え，とりあえずは一度で面接を終了しました。

3．後期開始から冬休み（10〜12月）

10月になり後期の授業が始まると，相談件数はさらに増加してきます。前期から続く不登校・成績不振・意欲低下等に夏休みを経ても改善がみられなかった場合，学期初めという区切りのよさもあって来談に至るという傾向があるようです。また，就職活動が本格的に始動してくるこの時期には，進学への迷いや学業・研究と就職活動との両立等を悩みとして来談する学生も増えてきます。

この時期に面接数が増えることには，あと2つの理由があると考えられます。ひとつは，理学部への進学が内定した学部2年生に対して[注3]，支援室の広報を実施することです。これは4月と同様，各学科が実施する学部生へのガイダンスに相談員が同席することによって行います。もうひとつは，学科へのコンサルテーションです。この時期には前期の成績が発表されますが，支援室では学科から要請があった場合には，学業不振や不登校気味の学部生に対する個別フォローを行います。具体的には，教務委員や学科長の教員と支援室相談員の協力体制のもとで合同面接を実施し，学生の状態や学生の希望によっては支援室での定期的な支援へとつなげます。なお，この学科コンサルテーションは主に支援室ではなく学科へと相談員が出向いていって行うアウトリーチ活動です。支援室での活動を最大限効率化するためには，面接室の外へと出かけていくといった柔軟な対応も重要になります。

11月になると，面接の回数は10月に比べて減少し，少し落ち着くことができます。通常，11月頃には全国学生相談研修会が実施されますが，こうした面接の少ない時期には研修等への参加を行います。また，年末から年始にかけて実施する運営委員会（第2回）の日程調整や資料作成などもこうした比較的業務に余裕のある時期に行います。

年末年始には冬季閉室期間があるため12月の開室日数自体は少なめですが，この時期になると11月に比べ新規の申し込みが増加します。12月は学位論文の執筆が追い込みに入り，心身が不安定になっている学生が来談してきます。論文執筆がはかどらないといった悩みを抱える学生のサポートには心理的な側面から関わることも必要ではあるものの，指導教員等が学術的観点も交えながら指導・助言・激励することが効果をもつことも多く，教員と連携を取りながら対応をすることの重要性は増していきます。

また，この時期には事務方との連絡を取る回数も増えていきます。転学科や次年度に休学を考えている学生もみられるためです。こうした場合には，学生が内省を深め意思決定をするための寄り添いと同時に，事務方と連絡を取りながら手続きが円滑に進むように情報提供などをしっかりと行っていきます。

> **ケース3　不登校の学生への対応に困って来談した教員Uさん**
>
> 　Uさんの指導下にある学生の中に，4年の夏休み前から学校に徐々に来なくなり，夏休み明けの10月には不登校状態になった学生がいました。以前から突然休むということが繰り返しあったものの，1カ月ほど経ちさすがに心配になってきました。どうやら他の学生から聞いたところによると家庭の事情が大変らしいということまではわかりましたが，友人関係も希薄で，詳しいことまではわかりそうにありませんでした。
> 　単位の取得も十分ではなく，このままだと卒業できず留年してしまう可能性もあるように思われたことから，支援室への来室を勧めたいとは思っていましたが，いきなり「相談しに行くように」などと来室を勧めて本人を傷つけないかどうかが気がかりでした。そこで，どのように来室を促すのがよいかという点について相談したいと思い，まずは，支援室にメールをしてみることにしました。
> 　**対応と予後**：メールでは教員に対し本人のニーズに焦点をあてて自発的な来室を誘うようアドバイスしましたが，本人の反応は芳しくはありませんでした。修学に支障が出そうな状況であったこと，また周囲の人から話を聞くと精神疾患も疑われたことから，指導教員であるUさんとの面談の場に直接相談員も出向いて本人に話をし，来室につなげました。

4．年度末・卒業（1～3月）

　年が明けた1月は新規の来談者が4月に次いで多い月です。1月は卒業論文や修士論文の提出，進路決定の時期ということもあり，情緒不安定となり喫緊の対応を求めて来談する学生が多くみられます。さまざまな変化や決断に直面するこの時期は，学生だけでなく学生をサポートする教員・保護者にとってもストレスフルな時期になります。教員や友人からの紹介による新規来談も増えていきます。教員との面接の際には相談員が研究室へと出向いて対応をする場合もあります。また，遠方の保護者からの相談に関しては，電話相談などの方法も取りながら，対応していきます。

　2月は7月に続き1年を通じて2番目に面接回数の多い月です。卒業や年度替りを目前に控え，進路への迷いや学位論文提出・単位取得に関する相談が多くみられる時期です。特に，進路決定にまつわるリミットが迫って焦りや不安

を抱えて来談に至るケースについてはタイムリーな対応が必要とされるため，開室時間の延長や電話・メール等を利用した臨機応変な対処が求められます。また，単位取得の問題の中でも進路決定に関わる重大なものについては，教員・事務方と連絡を取り，成績評価に関する「交渉」を行うこともあります。もちろん，学生間の公平性が保たれる範囲での活動ではありますが，支援者のこうした柔軟な対応は困難に直面した学生を心理的な側面からもエンパワーすることにつながります。

　面接以外の仕事で2月に大きなウェイトを占めるものとしては，予算執行の確認が挙げられます。当該年度の支援室の予算の執行状況を精査し，3月までの利用計画の最終的な決定を行います。予算に余裕がある場合には，防音工事により面接室をより快適化するなどといった形で支援室内の改修を実施することもあります。物理的な側面からも支援活動の効率化を考え，そのための計画を立案し，業者と交渉するといった仕事も面接を支えるための重要な業務です。

　年度末である3月は留年したり論文が不首尾に終わった学生が多く訪れます。定期テストや論文提出が終わったこの時期になっても面接回数が2月に比べてそれほど減らないことの背景には，年度の変わり目で子どもの卒業や留年を懸念する保護者からの相談が集中することもあると考えられます。また，無事に卒業・就職を果たした学生についても，卒業した後にも継続的な援助が必要と判断した場合には，別機関へと紹介するといった仕事が残っています。

　春休みということもあり月の後半になるとこうした仕事も減少しますが，このあたりからはすでに次年度に向けた準備が始まります。次年度から入学をする留学生の懇親会への参加や，4月に実施されるガイダンスへの参加の日程調整，配布するパンフレットの作成（修正）・発注といった仕事がこれに該当します。また，援助活動に少しでも余裕がある時期にはそれ以外の研究・専門活動を実施します。その例としては，各学科・専攻における不適応学生への対応の現状と支援室へのニーズについて，教務委員や学科長の教員に聞き取り調査をするといった活動が挙げられます。こうした活動は，その結果として得られる大学コミュニティのもつニーズの把握といった成果のみならず，支援室の認

知度を高め，教員等との長期的な関係性を構築するといった効果も生み出していると考えられます。

Ⅲ 活動において目指していること

　面接状況は上述のような傾向を示します。ただし，その年により多少の変化がありますので，研究・専門活動に費やす時間もそれに応じて変化をしていきます。

　支援室での1年は，おおむね以上のように流れていくと考えていただいて結構です。重要な点は，コミュニティに根差した実践活動を実施するためには，面接を中心とした援助活動のみに力点を置くのではなく，援助活動を中心にしながらも研究・コミュニティ活動を交互に行っていく必要があるということです。効率的な援助活動を行うためにニーズ調査を実施するといった研究活動は，コミュニティに根差した学生相談モデルをボトムアップで構築することを可能にし，そこで構築されたモデルを実施するためには広報（例：交歓会・留学生懇親会への参加，理学部ニュースへの記事掲載，全学科・専攻のガイダンスへの出席）といったコミュニティ活動が必要となります。

　支援室での日常業務には，年間の予算計画の作成や業者への備品・パンフレット等の発注など面接以外にもさまざまなものがあり，「効果的な支援とはどのようなものか，どうすればそれを実現できるか」ということを念頭に実施されています。また，面接も無気力傾向を示している学生や研究室での人間関係に困っている学生へのカウンセリングといった従来のクリニック・モデルに基づくものから，在学年限満了で退学間際の学生の単位取得に関して，教員と連携しながら心理学的観点からさまざまな援助をするといったものまで，多様な形がとられていました。

　どのような悩みであれ相談に来る際には，「こんな相談をしてもいいのだろうか」「この相談はここで話すことなのだろうか」と迷うことも多いものですが，支援室での面接はいわゆる「心の問題」に限定したものにとどまらない活動であり，理学部・理学系研究科というコミュニティに根差した幅広い問題に対応しています。従来のクリニック・モデルに基づく面接のイメージのみなら

ず，コミュニティをベースとした支援を実現するために相談員が活動している様子がイメージできるようになったとすれば，この章の目的は果たせたように思います。

（末木　新）

注1）多くの面接は週に1回程度実施される。
注2）毎年5月に東京大学大学院理学系研究科附属植物園（通称：小石川植物園）にて学生有志と職員が参加して行われ，飲み物と軽食が振る舞われる。
注3）東京大学では，すべての入学者は教養学部に入学し，学生の希望と学部2年生の前期までの成績を考慮して専門課程が決定される（169頁参照）。

●コラム・大学のマニフェスト──東京大学の行動シナリオ

『東京大学の行動シナリオ』とは，現東京大学総長が2015年に向けて作成した東京大学の将来構想をまとめたものです。この将来構想の主要な達成目標のひとつに，『「タフな東大生」の育成』というテーマが掲げられています。これは，すべての学生が豊かな教養と深い専門性を備えた人材となるようにする，ということを意味していますが，そのための具体的な取り組みとして，学生支援の充実が掲げられています。

学生支援の充実の中身は，奨学金や寮の整備といった経済的な側面のみならず，部局における相談体制の充実と学生相談ネットワーク等の全学的な連携の強化，学生の心身健康の促進のための施設・体制の整備といった精神的な側面に関する事項も挙げられています。部局は大学における教育活動の基礎的な単位であり，それぞれの文化を形成しているため，部局ごとの多様性に応じたきめ細やかな相談体制の充実が望まれているということができます。また，部局別の行動シナリオによると，理学系研究科は英語のみでの学位取得が可能なシステムの構築等，世界を視野に入れた教育に取り組んでいます。

このような国際的な視野をもった世界と戦えるタフな学生を育てていくためにも，心のケア・発達へ目を向けることは重要です。本支援室は，このようなタフな東大生の成長を応援するために，理学部・理学系研究科という部局の資源を最大限に活用して学生の皆さんの問題解決の支援をする施設です。

（末木　新）

part 3 / 大学コミュニティと力を合わせるために

第10章

支援するコミュニティを知る

　支援室の最大の特徴は，理学系という部局コミュニティに根ざした支援です。そこでこの章では，教職員に対するインタビューをもとに理学系／理学部というコミュニティの特徴を描き出すことを試みます。

　特徴は大別すると「大学側の事情」「学生側の事情」の2つの側面から描くことができるでしょう。

Ⅰ　大学や教職員側の事情

　今回この本をまとめるにあたり，何人かの教職員へインタビューを行い，「理学系／理学部ってどんなところですか？」という質問を投げかけました。すると，まず最初に返ってきた答えは「学科・専攻ごとに違うので一言では言えない」「他の学科のことはわからない」というものでした。つまり，理学系／理学部とは，固有の文化や風土をもち，高度に独立した複数の学科・専攻の集まりであり，理学系／理学部を理解するためにはそれぞれの学科・専攻について個別に理解することが必要ということです。理学系／理学部を説明するような統一的な文化があるわけではなく，それぞれの専攻／学科の独立した文化の集合体であるということが理学系／理学部コミュニティの最大の特徴と言えそうです。

1．専攻，学科，研究室の独立性

　学科・専攻の独立性が保たれていることはすなわち，一人ひとりの学生や教

職員が他の部局や大学本部の干渉を受けず，自らの知的好奇心やそれぞれの学問領域の方法に沿って学びを深めていくことが保証されていることを意味しています。しかし一方で，この独立性が不自由さにつながっている部分もあります。それはせっかくの経験知が教職員間，学科間で共有されにくいということです。

※以下ゴチック部分は教員からの答え。〈　〉は相談員。
〈先生方が教育実践について学び合う機会はありますか？〉
ないですね。お互いの領分には踏み込みません。お互いの研究に踏み込まないのと同じで，教育の場でもそう考えています。もっとも教育にはそういうものを取り入れ，お互いにやりあってもいいと思うんだけど。たとえば「その板書はどうかな」とか。しかしそういうことはなかなかない。研究も教育もそれぞれ自分の領域と思っている人が多いかもしれない。

学問の独立性に関わる難しい問題かもしれませんが，ベテランの教職員の経験知が，他の分野の教職員や若い教職員との間で共有されていないことは残念に感じられます。

また，学科・専攻が独立しているのと同様に，個々の研究室も独立しています。そしてそれぞれの研究室は，明文化されているかどうかを問わずさまざまなルールや文化を有しています。たとえば実験器具の洗い方や，欠席時の連絡の仕方など，ルールは日常的なことも含めて細かく多岐にわたっています。

ある学科では4年生のあいだ複数の研究室を回り，実習を行うというカリキュラムを組んでいますが，ある教職員からは「新しいもの好きな子ならいいけれど，人見知り気味な子にとってはそれぞれ違うルールの研究室を頻繁に移動することは負担になるのではないか」という懸念の声も聞かれました。専攻，学科，研究室がそれぞれ固有の文化に基づいて運営を行っていることは，学問の独自の発展に利益をもたらす一方，学生対応という視点から見るといくつか再検討の余地がみられるかもしれません。容易ではありませんが，研究領域の独立性を守りながら，学生や教職員同士の交流ができるようなシステム作りが望まれます。

2．教職員の忙しさ

　教職員は，特に大学院重点化と独立行政法人化以降，大変多忙な日々を過ごしています。学生対応という視点から見ると，大学院生の数が大幅に増えたことで1人に割くことができる指導の時間は必然的に少なくなりました。教職員自身もこのような状況には危機感を抱き，戸惑いを覚えています。その背景には，教職員が自身の学生生活で出会ったかつての教職員像と，現代社会で求められる教職員像が大きく変容していることも関係あるかもしれません。

・わざわざ教職員が足を運ばないと，学生の居室と地理的に離れているので彼らの問題が見えない。（中略）研究ちゃんとやってるのかなと思ったら何もやってなかったり。そういう失敗から（学生への対応を：筆者注）学んできた。
・自分が学生のときは教授は偉かったので，助教と普段話して，教授とは月1回くらいしか会わないし恐れ多いし。（中略）教授が覗いてくれることなんかなかったし。

　学生が教員からきめ細かい教えを得ることができなかった時代には，学生たちは仲間と助け合ったりしながら自ら学んでゆくしかありませんでした。しかし昨今は社会や学生から教員に求められるものが大きく変化しているため，教職員自身も変容を迫られ，少ない時間をやりくりしながら各自に工夫を凝らしているようです。

・教育者としての資質というよりは研究者としての資質の高い人が集まっているfaculty（研究科・専攻の意）なので，教育については素人であってプロではない。最高の研究をしている者が教育でも最高という理念をもっているが，そうとも限らない場合があるので試行錯誤。
・（研究の）報告会や雑談の場で，今は何をやってる，問題はないかとこちらから声をかけ，話をするようにしている。
・（学生から求められれば）基本的にかならず時間は作るし，ここ（居室）にいる。
・できるだけ，相手の言い分を聞いて。とにかく聞くということですね。あとはフェイストゥフェイス，怒り方の工夫。一対一で怒ると大変ですよね。（中略）大丈

夫なら一対一で怒るとか。周りに人がいるほうが負担になる人もいるし。周りの人がいるところで意見を言うほうが客観的になる場合もあるし。相手を見てやります。

また，学科・専攻レベルでも，学生対応のための若手教職員を配置したり，本来は学務事項のみを取り扱う教務委員会で積極的に学生の生活状況を取り上げるなど，組織ごとの工夫も行われています。

Ⅱ　学生の変化

一方，学生の側にも昨今大きな変化が現れているという意見がありました。いずれも教職員の側からの半ば苦言に近い意見ですが，その背景には社会や学生の急激な変化への対応に窮する教職員の苦悩も透けて見えるようです。

1．学生の多様化

多くの教職員から聞かれたのは，「学生が多様化している」という印象でした。留学生，他大学からの入学生なども増加し，学生の構成も変化しています。そして新しいタイプの学生に共通しているのは，「何のために進学するか」という目的が拡散している学生が増えていることのようです。

さらに，特に大学院においては進学目的が必ずしも「研究」ではなくなっているという事実があります。アカデミックポストの減少傾向に対する危機感から研究職志望を断念する学生もいますし，理学部生の90％が大学院に進学[1]する今日，皆が進学するので何となく，というような理由で進学する学生も少なくありません。このように「研究をしたい」という目的以外で進学する学生の増加は教職員にとっては違和感を覚えることのようです。

2．経験不足の学生

また複数の教職員が，学生全般が葛藤や失敗，生活全般における経験など，あらゆる面において「経験不足」を指摘しています。

・誰かにいつもケアされて育ってきて，子どもっぽい方が多い。勉強はがんばってよくできるけれど，それ以外のことはあまりできないし，しようともしない。そもそもそれ以外の部分に気がつかない。生活一般の面倒はお母様がやってくれていて，結婚されてからは奥様がやってくれるはず，ということなのか。
・戦ってきていない。小学校，中学，高校とみな成績がよくて，それだけで認められた世界。点数以外では他のところで戦っていない。だから人間的に弱いのではないかと。おかずの取り合いとか，スポーツとか口げんかで勝たなきゃいけない場面もないし。経験不足ではないか。

　さまざまな側面における経験不足は，大学生活でも多様な形で表れているようです。たとえばある教職員は「失敗を報告できない」学生について報告しています。研究においては失敗が付きものであるため，失敗はごくあたり前にあり得ることと受け止め，むしろ何を学び，どう乗り越えるということが肝要と教職員側は考えています。しかし学生の側は大学入学までの間，同世代の中では試験の点で勝り，成功体験しか経験していない人もいます。失敗や葛藤の経験を十分に積んでいない場合，研究での行き詰まりはとても強い挫折体験として感じられてしまうことがあるようです。その結果，失敗を報告できなかったり，失敗は自分という人間そのものが無価値なためである，と過大に捉えてしまったりするのかもしれません。

　また，ある教職員は葛藤や失敗経験の不足がハングリー精神のなさとも関係がある，と指摘しています。つまり失敗が前述のように経験不足の学生にとって過度な負担となることを案じて「辛かったら休んでもいいですよ」というような助け船を出すと，ちょっとした失敗ですぐに休んでしまい，自分から動こうとしなくなる学生もいるというのです。このような両極端な反応そのものが，葛藤や失敗とほどほどに付き合い，折り合いをつけてゆくという経験不足によるものと言えるかもしれません。

　さらに，コミュニケーションについてもさまざまな課題が挙げられました。突然教員の居室を訪ねてきて名前や所属を名乗らずに「授業のプリントが欲しい」と要求してくるような学生について，

自分と同じ状況,同じ背景でない人とは会話ができない。(中略)他人の視点に立ってものを考える訓練がされていないのかも。

と評した教職員もいました。また自身が東大に多くの合格者を出す中高一貫校出身で,東大生でもあったある教職員は,自らが対人関係を学んだプロセスについて以下のように述べています。

研究調査で現場の人と付き合ったり,部活で学んだりして。そういうのがないとやわになるんじゃないかな。僕は部活やっていて,部活には社会人も参加するのでコミュニケーションを学んだ。そういうのがないと相変わらずやわなままになる。

東大生の半分は,世帯年収が 950 万円以上の家庭の出身者です[注1]。また首都圏出身者が半分を超え,有名中高一貫校出身の学生が多く在籍していることから,東大生は比較的裕福で,似たような生育の背景をもっていることが推察できます。彼らが大きな葛藤経験もなく大学まで進学してきた結果,背景の異なる他者とのやりとりを訓練する機会をもつこともなく,コミュニケーションの力も十分育たなかったということが考えられます。
　また,留学生を担当しているある教員は,留学生からの問い合わせからこのような印象を語ってくれました。

留学生の中でもしっかりした人は(専門性など)自分でわかっていて動く。自分の研究テーマを遂行するのに一番いい研究室を選んでいる。(一方,)こちらに問い合わせのメールなどの中に,何を研究したいのか,どの専攻でどの先生なのかなど,研究を行うための最低限をクリアしてない質問も多い。学部レベルなら決まっていなくてもよいが,大学院,しかも博士レベルでそういう質問がくると,入学時点でアウトだと思う。問い合わせには一応答えるが,(メールを)返す時点で「絞れてないな」と感じる。

インターネットの普及等により,今日ではさまざまな人が容易に大学にアクセスし,情報を得ることが可能になっています。大学が社会に広く開かれる

というメリットがある一方，学生が指導を受けたい教員と綿密なコミュニケーションを取らなくてもある程度情報を得られたり，そのまま研究室に配属されたりするということもあるようです。このような社会的情勢が，コミュニケーションの希薄化に拍車をかけているとも考えられます。

3．人間関係の希薄化

コミュニケーション力の不足と関連して教職員が危ぶんでいるのは，人間関係が希薄化しているように見えることのようです。

・たとえば（ある学生が）来なくなったりしたとき，（その学生は）何か悩んでることあるのかしらと別の学生に聞くと，「元気そうですよ」と。元気そうだけど実はこういうこと悩んでるかもとか，そういう発想がない。
・コミュニケーションも相手と間を置いて，ぶつかってこない。初対面で東大生が集まると，うまく間を取っている，見ていて少し気持ち悪いくらい。

学生同士が表面的にしかお互いに関係をもとうとせず，当たり障りのない関係に終始しているように見えることは教職員にとって理解しがたく映るようです。一方で，学生と教職員間のコミュニケーションについてはこのような声も聞かれました。

・指導してほしい，ってすごく強く言われるんです。（中略）指導というものを，家庭教師みたいな，密な指導として求めてくるんですよ。
・最近の学生か東大生かどちらの傾向かわからないけど，横よりも縦のつながりをすごく求める。先輩ではなく，先生に。驚くくらいです。
・何でも聞きに来る。自分で調べない。自分で調べればわかるんでしょうに，「ここに書いてないからわからなかった」みたいなことを言う。（中略）ちょっと考えればわかるよようなことも，ちゃんと明記していないとわからない，常識で理解するというようなことができない。

このような傾向は学生側が教職員や大学に対して認識している「役割期待」

と考えることができます。学生は，自身に期待された役割を「与えられた課題を失敗なくこなしていくべき立場」と捉え，一方教職員の役割を「学費に見合ったサービスを提供すべき立場」と捉えているようです。いわば，対人関係をその場の状況や個人の事情に照らしてその都度調整していくのではなく，あくまでも明文化されたルールや役割期待に沿って処理しようとする態度と言えるでしょう。

学生がこのような「役割期待」から外れた部分で他者と関係を取りもつことが難しくなっている昨今の状況は，教職員にとってもどかしく，しかし一朝一夕に変えていくことも困難な難題となっているようです。

横のつながりがなくて，垂直社会なんです。先生を求めるし，決まりは明文化してほしい，とか。（中略）研究室は小さくても「社会」なので，ルールは大事かもしれないですけど，常識ですむ部分まで明文化だの，ねぇ。人間関係が殺伐としてくるような気がしますね。目に見えないつながり，目に見えないものを大事にする心ってないのかもしれない。私はこの年になると，最終的には目に見えないもののほうが大切だと思うんですけど。（中略）目に見えないモノの大事さがある，と思ってないと辛い研究生活になると思います。

Ⅲ 教職員と学生とのすれ違い

ここまで，教職員側の事情，そして学生側の事情のそれぞれについて描いてきました。社会や学生の変化に戸惑いながら個々に工夫をしつつも，学生の未熟さや認識不足にもどかしい思いを抱いているというのが教職員の現状と言えるかもしれません。そして私が教職員のインタビューから感じていたのは，「教職員の願いや戸惑いが学生たちに十分届いていないかもしれない」ということでした。

・勉強で立つつもりでここに入ってきたのだろうに，相変わらず部活にばかり執心しているとか，そういう学生は何を考えているのかなと。
・就活する人にも「両立しなさい」と話したいけど，就活ばかりになっちゃってたり。

そういうのを見ていても，何かはき違えてるなと思うところがある。教職員ひとりが頑張ってもなかなか効かない。
・大学院はプロフェッショナルを養成するためのところで，本来は社会人みたいなもの。社会人になればいろいろな自覚や常識が必要となるけれど，大学院でも（学部と）同じようにやってしまう。（中略）博士に行くときは少し気持ちが切り替わるのかもしれないんですが。大人になることという意味では，教職員の期待ほどには成長してないですね。

　多くの教職員は，大学は学問に取り組む場所であり，学生にはあらかじめふさわしい学業態度を備えて進学・入学してほしいと望んでいます。ゆえに，教職員の期待を満たさない態度や言動を目にしたときには戸惑いや失望の気持ちが生じやすくなるようです。
　また，「学生が失敗を報告できない」ことについて指摘した先述の教職員は，「学部から研究室に入ったときに，うまく切り替えてあげられるような指導をしなきゃいけないんでしょうね」と，学生たちが研究生活にスムーズに適応するためのガイダンスが十分にできていないことを率直に話してくれました。またある教職員は，その学科の学問領域の内容が学生に十分理解されておらず，学生の期待とのミスマッチが起こってしまっているという可能性に触れています。教職員の問題意識や，学生たちが少しでも充実した学生生活を送れるようにと心を砕いていることは，残念ながらなかなか学生の側には伝わっていないかもしれません。
　一方で学生の側にしてみれば，教職員の側の期待は知るべくもなく，社会情勢や自身の興味関心に照らし合わせてそれぞれの期待や希望をもって進学・入学してきます。しかし，残念ながら現時点では，教職員と学生の間でこのような期待や思い入れ，不安について率直に意見交換をする機会はほとんどありません。どの論文を読めばよいか，実験をどう進めればよいか，というミクロな話題については活発なコミュニケーションが行われている一方で，マクロな話題については十分な相互理解がなされていないのが現状のようです。たとえば「大学とはどのような場所か」「研究者になるためにはどのような態度が求められるか」というようなトピックについて教職員と学生が意見を交わす場は多く

なく，現時点ではそれぞれの研究室や教職員個別の取り組みに委ねられているにすぎません。

　もし教職員が自身の研究室運営方針について明確に言語化し，さらにモデルとなる先輩や実例が存在していれば，学生はその研究室の風土について理解しやすくなり，相互の行き違いは起こりにくくなるでしょう。ある研究室では，「どんなこともみんな許容する」という雰囲気作りを大切にしているということでした。たとえば心身面で不調を呈した学生や，あるいは多くの人とは違う独特の特徴をもち，対人関係に苦労しているような学生に対しても，「多くの人は何とかどっかで乗り越えていくわけだから，とにかく最後まで待つ」という方針で見守ることにしているそうです。また，実際に出産や育児を経験している研究者をロールモデルとして雇用するなど，学生が研究室の風土について理解しやすくなるための試みもなされています。研究室運営の方針について，教員と学生の認識の行き違いを最小限にするためのこのような試みはとても興味深いものです。

　しかし，このような試みを他の研究室と共有することは容易ではありません。この教員も「これがベストかどうかわからないし，人のところにいろいろ口出しするのは難しい」と述べているように，なかなかこのような豊かな経験知は共有されにくいのが現状です。

　さて，ひととおりのインタビューが終わったある日，とある職員の方（Aさん）から支援室宛にメールが届きました。一部を抜粋します。

　卒業式・修了式の日に，みんなの顔を見ることができると，とても誇らしい気持ちになります。

　不登校だった学生が学校に戻り，無事卒業し修士・博士と進学していくのを見ると安心します。

　卒業する時，挨拶に来てくれたり，また，『あの時，Aさんが声を掛けてくれなかったら，，，自分はここにはいなかったかもしれない。』と言ってくれる学生がいると，この仕事をしていて良かった。。。と感じます。

　Aさんが事務職員という職務上の役割を超えて，専攻に対する誇りや思い入

れを大切にしながら仕事に取り組む真摯な姿勢がメールからは感じられます。また私自身もインタビューを通じて，すべての教職員がそれぞれに学問や教育への思い入れ，熱意をもっているということを痛感しました。さまざまな社会的背景や，すぐには解決できない構造上の問題があるとしても，教職員と学生それぞれが抱いている問題意識や期待を相互に共有し，歩み寄ることで少しずつ解決できる問題もあるかもしれません。そのためには，必要な場面では専攻／学科や研究室の壁を乗り越え，それぞれの役割や常識，期待などを超えて率直なコミュニケーションが行われることが必要でしょう。また支援室もそのような豊かなコミュニケーションに寄与できるような実践を重ねていきたいと思います。

（藤原祥子）

注1）2008年東京大学学生実態調査の結果に基づく。

文　献

1）日経ＢＰムック（2008）リガクル01―東京大学理学部の今がわかる本．日経ＢＰ社．

●コラム・学生版 EMP ──次世代のリーダーを育てる

　学生版 EMP（Executive Management Program）とは，理学系研究科の授業として毎週土曜日に3カ月間開講している東大 EMP の学生版の授業のことです。ここに出てくる東大 EMP とは，2008年10月に開講された社会人向けのプログラムであり，将来の組織の幹部になる可能性のある40代の優秀な人材を主たる対象にして高いレベルの全人格的なマネジメント能力を形成させることを目的としたものです。学生版 EMP は全学の大学院生30名程度を対象としており，東大 EMP の内容から精選・再構成した授業を展開しています。なお，費用は東大 EMP が600万円程度であるのに対し，学生版 EMP は無料となっています。

　プログラムは，教養・智慧，コミュニケーション技能，マネジメント知識の3つの柱から成ります。これらを通じて，各自の専門を超えた多様な知識に基づき，納得性の高い議論を粘り強く展開することで，組織を通じた具体的な問題解決を推進することができるようになることが期待されており，多極化する世界における次世代のリーダーを育成するための「場」として機能しています。

（末木　新）

第 11 章
学生のニーズ・教職員のニーズをくみ取る

Ⅰ 教職員のニーズ

　この章では，支援室の今後の方針を検討するためにも教職員や学生のニーズについて考えてみます。

　今回の原稿執筆をきっかけに何人かの教職員に対してインタビューを行ったところ，教職員からのニーズは，大きく2つに分かれました。ひとつは，支援室からの情報発信を求めるものです。もうひとつは，支援室のスタンスに対する期待や苦言でした。

　まずは，情報発信について述べることにします。支援室に関するどのような情報が求められているかを尋ねたところ，具体的には「利用方法について」と「学生やケースについて」という2種類の情報が求められていることがわかりました。支援室は開室して5年あまりになりますが，支援室の認知度は，専攻／学科や，支援室からの地理的な距離によっていまだにかなり差があることがわかりました。

　たとえば登校や履修の状況が心配な学生に対して担当教員と連携して対応にあたっているような学科では，支援室の存在はほぼ認知され，必要に応じて積極的に利用しようという流れが定着しています。一方，地理的に遠く離れているなどの理由で日常的に連携を行っていない専攻／学科の場合は，教授会に出席する教授以外はほとんど支援室の存在や利用方法を知らないのではないか，という厳しい指摘もありました。その影響か，支援室ではコンサルテーションという形で教員の利用も受け付けているにもかかわらず，そのような利用方法が知られていないことが明らかになったのです。

これまで，支援室はあくまでも学生のための相談機関という位置づけを前面に出し，主な利用者である学生に対してはガイダンス等で積極的に広報活動を行ってきた一方，教員に対してはほとんどそのような広報活動を行ってきませんでした。しかし，昨今は教員による紹介で相談につながるケースも増えてきていることや，またコンサルテーション・ケースも増加しつつある状況を鑑みれば，教員に対して支援室の存在や利用方法についてきちんと紹介してゆくことの大切さを改めて認識しています。

　提供してほしい情報の内容としては，「どんなときに利用すればいいのか」という基本的な事柄から，「カウンセリングがどうして教育現場に必要か，ということを啓発してほしい」という心理教育に関わるものまで，さまざまなニーズが寄せられました。相談者のプライバシーを守秘するという基本原則は堅持しつつも，さまざまなルートでさらに利用しやすくなるような多様な広報のやり方を検討する必要がありそうです。

　また，学生の特徴やケースの概観について発信してほしい，という要請もありました。たとえばどのような学生が来ているのか，どのような時期にどのような悩みが多くなるのかというような総括的な情報を定期的にレビューしてほしいというものです。第10章でも記述したとおり，理学系／理学部では各専攻／学科ごとに高度に独立しており，さらに固有の文化や不文律があるため，専攻／学科間のコミュニケーションがなく，それゆえにそれぞれの学科の相対的な課題が見えにくいことに理由があるようです。

　学科ごとの比較なんかもしてほしい。うちの学科にはこういう問題があるのかもしれない，ということも参考になるし大事だと思う。（中略）僕らが何か改善しなくちゃいけないということ気づけるし，学科に特有の問題が認識できるかもしれないので。アクションできるかどうかは別として，言われないとやはり認識できないので。こういう学生は他の学科にもいるのか，うちだけの問題なのかなど。

　さらに情報発信の方法についても具体的な提案がなされました。たとえば教務委員会に出席し，半年に一度くらい概観を報告することや，学生対応の担当者になっている教員を窓口とし，気になる学生の情報を共有してほしい，とい

うようなことです。このような情報共有は，特に学部生を中心に行ってほしいという要請がありました。大学院生以上の学生は研究室に配属されているため基本的に指導教員が指導に責任をもち，日頃の様子も詳細に把握できていますが，学部生については決まった指導教員がいないので目が行き届かなくなる場合があるためです。

　情報共有と守秘義務との両立は非常にバランスを取るのが難しい問題なので，実際にどのような形で連携を進めていくかはこれからの課題ですが，専攻／学科からの要請には，学生のつまずきをできるだけ早い段階で察知し，学生がよりよい学生生活を送るための援助を行いたいという学科の思いが感じられます。

　次に，支援室のスタンスに対する批判や期待について記載します。何人かの教職員からは，支援室の対応を「過保護ではないか」と感じていることが率直に表明されました。たとえばある学生の学業支援をする際，週1回の面談で出席状況を逐一確認したり，レポートの提出日をリマインドしたり，試験勉強のスケジュールについてアドバイスを行ったりすることがあります。このような取り組みは，すでに成人している学生に対する対応としてはあまりに過保護なものと映るかもしれません。

　特定の学生に対する対応については，そもそもその対応が学生本人のためになっているかどうかという視点に加え，他の学生との公平性が維持できているか，東大におけるアカデミックな基準が守られているかという視点も重要です。「過保護ではないか」という批判は，これらの複数の視点をバランスよく保持するべきではないか，という注意喚起の意見と捉えています。また，きめ細かな学生対応を行うほど1人の学生に費やす手間や時間は増大することを鑑みれば，教職員や支援室のマンパワーとのバランスも考慮に入れなくてはならないでしょう。

　一方，支援室の取り組みを広く世の中に発信し，コミュニティに根ざした学生相談のモデルとなってほしいという期待も寄せられました。学生支援室の取り組みは現在も試行錯誤しながら進めているものであり，完成形ではありません。しかしある一ケースとして発信し，そのあり方を世に問うことによって，先に挙げたような問題，すなわち組織対応や個別対応をどこまでどのように行

うべきかという議論のための素材となりうるかもしれません。

　このあときっと，メンタル的に大変な学生の数が減ることはないと思う。現在，個々のケースにとても丁寧なケアをしているが，今後もっと増えたときに人だけ増やせばすむのかどうか。メンタルな対応は基本的に一対一で行うのだろうが，組織としてもサポート体制を作らないともたないかもしれない。このような組織はそんなにたくさんあるわけでもないので，ひとつのモデルケースみたいにして，いろんな大学に発信できるといいんじゃないか。最初はお金がかかっても仕方ないだろう。組織としてサポート体制をどうするか，そして個別の対応をどうするかを両方考えていくべきだろう。

　さらに，支援室との役割分担のあり方についての提案も寄せられています。

・支援室に行っていて，教務では把握していないケースについて。守秘義務もあるのだろうけど，こういう学生がいるということだけでも教えてくれるとやりやすいかも。
・自分の仕事は留学生担当なので周囲と連携して仕事に取り組むことが多い。「チーム援助」という考え方があるが，自分だけでは解決が難しい問題でも普段から仕事上でキャンパス内のネットワーク，特にその道の専門家とつながりがあれば助言をいただくことができ，場合によっては学生を助けるためにどうすれば一番よいかを的確に判断することが可能になる。学生支援室とも必要な部分については互いに協力し合う関係を築き，学生が問題を抱えてきたときに解決に向けて具体的に動けるようにしたい。
・教員は次世代の研究者を育てるという意味ではみな優れている一方で，理学一般に興味がある学生を育てるとか，そこから漏れた学生，うまく勉強できない学生をどう教えるかが難しい，そこを支援室の役割として期待したい。学業面では挫折を知らない研究者も多いので，何を勉強したいのかわからない学生に対しては，どう対応していいかわからないこともある。

　どの教職員も，支援室に担ってほしい役割については自分の専門性に拠って

立ちながら言及しています。教職員と支援室がそれぞれの専門性を生かしながら連携していくためには，支援室自身も自らの専門性を明らかにし，発信していく必要があるでしょう。

Ⅱ 学生のニーズ

次に，学生のニーズについて検討してみます。

今回の書籍化に際し，私たちは教職員と同様に学生にもインタビューを行い，学生たちの生の声を拾おうとしました。そこで，学生であればほぼ全員が目を通すと思われるウェブ上のお知らせ欄にインタビューへの協力依頼を掲載したのですが，参加希望者はひとりも現れなかったのです。

そこで，今回は「インタビューに応じてくれる学生が現れなかった」という事実とこれまでのアンケートに寄せられた声をもとに，学生のニーズを推察することにしました。参考資料として，2007年のアンケート結果[注1]を章末に掲載しています。

そもそもインタビューが実現しなかったという事実そのものと，これまで2005年，2007年に実施した支援室に対する意識調査の結果から，学生が支援室や学生相談機関一般に対してもっているイメージは決してポジティブなものばかりではないことがわかります。たとえば2005年のアンケートで，これまで支援室を利用したことのない学生にその理由を尋ねたところ，75％の学生が「必要がなかったから」と答え，さらに自由記述欄には「他の相談機関を利用している」以外の理由として以下のようなものが挙げられています。

支援室に関する情報不足
・学生支援室の存在を知らなかった。
・どのようなカウンセリングを受けることになるのか想像ができないので恐い。
・学生支援室の実態をよく知らないから。
・どんなことを相談に乗ってもらえるのかよくわからない。
・女性の相談員がいるのかどうかわからないので行きにくい。

・カウンセリングとは何か，学生支援室でどの程度の労力を払ってくれるのか，解決するわけではないのならば何をするのか，何もわからない。

来談のための条件が不適
・本郷キャンパス以外の研究所に所属しているため，遠くて来談できない。
・柏キャンパスにいるので，通えない。
・大学まで片道1時間以上かかるので気軽に通うことができない。
・研究で忙しいため，平日の開室時間帯にはとても行けない。

支援室／相談行為への抵抗感
・本アンケートを研究室を通じて配布することからも，学部・研究科へのアピールのために設置したとうかがえ，学生のためを考えているとは思えない。
・来談したことが研究室に洩れるとまずいことになるから。
・自分の身になって相談に乗ってくれるのかどうか，信用できない。
・相談だけなら解決にならない。
・自分の考えを理解してもらえるとは思わない。
・教官が生まれ変わったという話はないので期待できない。
・研究の進展に関する悩みなので，相談機関に相談しても仕様がない。
・悩みがはっきりしていないので，どう相談すればいいかわからない。
・話を聴いてくれるだけで解決する動きをしないという評判だから。
・来談するほどの悩みかどうかわからない。

　このような内容から想像できるのは，相談の必要がないと思っている学生からは関心をもたれておらず，一方何らかの相談を必要としている学生にとっては十分な信頼や期待を得られていない，という厳しい実態かもしれません。
　学生が何の悩みも迷いもなく学生生活を全うすることはほぼないでしょう。自らを振り返ってみても，学生生活は学業や進路のみならず，自分自身のことや人間関係などあらゆることで自らのあり方を問い，迷いながら過ごしていた時間だったように思います。現在の学生もその点については大きな違いはない

でしょう。彼らが悩みや迷いと向き合い，乗り越える過程で支援室がひとつのリソースとして認識されていればよいのですが，現状ではどうもそうではないようです。

「学生支援室に行ってみたいかどうか」という質問に対しては，2005年度で25％，2007年度で36％の学生が「非常に行ってみたい／やや行ってみたいと思う」と回答しており，この割合だけを見れば支援室を相談リソースとして認知している学生は決して少なくないと言えるでしょう。アンケートに回答してくれた時点でその学生は相談機関に対して多少の親しみを抱いていると考えられますのでその点は差し引くとしても，3割前後の学生が興味をもっていると言えます。

また，もし学生支援室に来談するならばどのような悩みを相談したいか，という問いに対しても，学業，進路，対人関係などさまざまな項目にわたって相談項目が寄せられています。このように潜在的なニーズがあると考えられるにもかかわらず来談率が全学生の3％程度にとどまっている理由については，さらに検討を重ねていく必要がありそうです。

それでは，潜在的にニーズをもっている学生が来談できるようにするためには，どのような対応が必要なのでしょうか。2007年の調査では，57％の学生がアンケート実施前から「支援室を知っている」と答えています。2007年度以降は新入生に対して，また2008年度以降は進学内定者に対してそれぞれガイダンスを行っていることを鑑みれば，支援室の認知度は比較的高まっていることが推測できます。よって，支援室の存在を知らせるという意味での広報活動はおおむね全うできていると考えてよいでしょう。

また支援室の存在そのものだけでなく相談員の顔を周知することや，具体的にどのように相談するか，という支援室の相談活動に関する詳しい情報も，まだまだ改善の余地はあるかもしれませんが，まずまず浸透しているのではないかと思われます。たとえば他の章で説明しているようなガイダンスでの説明やイベントへの顔出しはそのような目的で実施している広報活動です。このようなことからも，学生が相談という援助手段を選ばない理由は，単に支援室を知らないことや広報不足によるものだけではないように思えます。つまり，いつ学生が援助要請をしてもいいように情報提供や場所づくりは行っ

ていても，学生自身がアクセスしてこなければサービスの提供は難しいということです。

その背景には，第10章で述べてきたように，教員の目から見た学生側の変化があるのかもしれませんし，あるいは大学教育が目に見える結果も含めた多様な教育メニューを提供しなければならないという社会的要請があるかもしれません。ただ，いずれにしても学生相談機関が十全のサービスを提供するためには，場所と人間を準備し，利用可能なメニューを並べておくだけでは不十分と言えるでしょう。

それでは，支援室がより利用しやすい機関であるためにはどのような方策が考えられるのでしょうか。先ほど挙げた2005年のアンケート結果において，支援室に対する要望としては以下のようなものが挙げられています。

「理学系学生支援室」について希望，要望がありましたら，ご自由にご記入ください。

〈期待・希望・不安〉
期待
・困ったら行けるところであってほしい。
スタンスについて
・支援を必要としつつも支援室に自主的に来談できない学生への対応を。
・個人の悩み相談にとどまらず，具体的な方策を提示してほしい。
不安／行きづらさ／わかりにくさ
・気軽に行けるようにしてほしい。
・実態がよくわからないので何とも言えない。
・具体的に何をサポートするのかわからない。
・利用した人が本当に役立ったと言っているのか知りたい。
・理学系研究科・理学部から完全に独立している機関だということがわかって信用できれば使うこともあるかもしれない。

〈支援室の運営について〉

もっと広報活動を

・あまり知られていないのでもっと宣伝をすべき。
・HPなどでカウンセラーの紹介がほしい。
・理学部のトップページからリンクを。

就活・アルバイトを支援してほしい

・就職活動に役立つ進路支援や情報提供をやってもらいたい。
・博士課程の学生に対し就職相談を実施してほしい。
・専門知識を生かせるバイトを教えてほしい。
・就職，進路関係の情報を得たり相談する場として利用したい。

相談対象・時間・場所を拡大してほしい

・ポスドクも対象にしてほしい。
・外国人にも学内情報をわかるようにしてほしい。
・大学内だけでなく，大学院教育を委託している各研究機関での研究室の現状についてもよく調査して学生の現状を把握してもらいたい。
・アクセスが悪く通いにくい。
・出張相談をしてほしい。
・開室時間を延長してほしい。

相談受理の方法について

・予約不要にしてほしい。
・オンラインの相談回答窓口を設けてほしい。
・気軽にメールで相談できるようにしてほしい。

相談員への要望

・できるだけ女性の方を多く揃えてほしい。
・きちんとしたプロのカウンセラーを選んでほしい。
・いろいろな考え方をもった人を選んでほしい。
・理系のことをよくわかっている相談員を配置してほしい。

経済的な支援をしてほしい

・心理的な支援より，研究活動や経済的な支援のほうがありがたい。
・経済面について支援できるような予算を確保してほしい。

・奨学金を得られやすくしてほしい。

支援室のスタンスについて
・関係部署に強い影響をもつ権限を有してほしい。
・問題のある研究室に対し，その個人に忠告などをしてほしい。
・内部に情報漏れしないか不安。
・秘密を守ってくれればよい。
・学部・研究室の利害関係とは切り離して，中立の立場で仕事をしてほしい。

　これらの回答を概観して感じられるのは，学生が組織に所属する者として支援室という組織がどのような形で存在することが望ましいか，というマクロ的視点ではなく，一個人としての自分にとって支援室がどのような場所であることが望ましいか，という個としての要求が述べられているということです。
　さらに，前述の「学生支援室を利用しない理由」として「恐い」「学部・研究科へのアピールのために設置したとうかがえ，学生のためを考えているとは思えない」「信用できない」など，抵抗感というよりもむしろ不信感すら覚えているかのような回答がみられました。この不信感が支援室に対するものなのか，他者への相談という方法そのものに対するものなのかはわかりませんが，支援室という存在については一見広く知られつつある一方で，個としての学生一人ひとりに対しては支援室の存在意義が十分に伝わっていない，ということかもしれません。
　通り一辺の情報提供を行うだけでは学生自身が相談行動に至らないことや，学生一人ひとりが自分にとってどのように役立つか，というシビアな視線が支援室に注がれている状況を鑑みると，今後の支援室が学生のニーズに応えるためのキーワードは，「安心」かもしれません。
　「安心」を構成するひとつの要素は，これまで同様「相談員は何者か」「どんなふうに相談が進むのか」「相談によって何がもたらされるのか」という，支援室の活動に対するさらなるインフォメーションを広めていくことでしょう。支援室の存在そのものが広く知られていても，実際の相談が自分にとって安心できる相手かどうか，自分が納得して使えそうなサービスであるかどうかがはっきりしていなければ，学生は安心して来談することができないからです。

ただ，この点についてはすでに支援室が数年にわたって取り組んでいることでもあり，今後さらに必要になってくるのは別の「安心」と考えられます。それは何か悩みがあっても，相談することそのものに抵抗がある学生，相談機関をそもそもリソースとして認識していない学生の「安心」です。ターゲットを定めないごく普通の情報発信をいくら積み重ねても，情報はこのような学生に届くことはありませんし，彼らが「安心」を得ることはありません。だとすれば，「学生が自分の意志で来談する」という従来の来談モデルの前提を捉え直すことが必要かもしれません。いかに丁寧かつ詳細な広報を行っても，相談機関へのアプローチが難しかったり，相談そのものに対する不信感を覚えていたりする学生であれば，自身が来談したいという気持ちになることは難しいでしょう。
　また，広報活動は一般に「学生全体」に対して広く浅く行うものですが，この広報の方針についても考え直す必要があるでしょう。学生が求めているのは，一般的な情報ではなく，ほかでもない自分自身にとってどのようなメリットがあるのか，という具体的な情報だからです。とはいえ，未だ支援室を利用したことのない学生に対し，その学生自身にどのようなメリットがあるのかを説明することは至難です。
　そのためにはこちらから歩み寄るアウトリーチ活動が重要になりそうです。具体的には，相談機関から学生に対して個別的に利用を働きかけることや，学生とすでに関係を築いている第三者に支援室を紹介してもらうことです。支援室からの広報が直接彼らに届かなくても，支援室の利用にメリットを感じている人や，支援室の機能をよく理解している人がそのような学生に直接利用を勧めてくれるならば，学生はその人との信頼関係をもとに支援室の利用を検討するかもしれません。このような来談ルートを確かなものとするためには，学内におけるネットワーク作りはますます肝要になってくると思われます。
　ただし，学生自身の意図が把握しにくい来談経緯で相談を受理する場合，誰かの強制で来談していないか，本人が困っていないことで来談させられていないかなど，学生自身の意志や来談意欲を丁寧に確認することが欠かせないのは言うまでもありません。

Ⅲ　今後に向けて

　ここまで，教職員側のニーズと学生のニーズについてインタビューやアンケートのデータから検討してきました。

　この5年あまり，支援室は理学系研究科／理学部の教職員から助言を得て文化やニーズについて学び，そして来談した学生やアンケート結果からも学生たちの要望について多くのことを吸収してきました。今や，それらの知見の蓄積をまとめ，発信し，必要な人に必要な情報をもたらし，働きかける段階に来ていることを感じています。

　そのためには，相談活動の定義や効果について再度捉え直し，それぞれにニーズが異なる専攻や学科，一人ひとりの教職員や学生に支援室の意義を適切に伝え，利用を促すようなしくみ作りが必要となるでしょう。

（藤原祥子）

注1）学部生には夏季授業終了時期に授業評価アンケートと併せて配布。院生には教務から周知，ウェブ上でアンケート書式をダウンロードしてもらい回収専用アドレスに返信してもらう，あるいは自宅へ郵送した専攻もあった。2093名中245名が回答（11.7%の回収率），243名分が有効回答。実施時期は2007年7〜10月。

part 3　大学コミュニティと力を合わせるために

1．対象者の性別
男性 83%
女性 17%

2．対象者の学年
D4以上 2%
D3 4%
D2 4%
D1 5%
M2 9%
M1 10%
3年 28%
4年 37%
その他・無回答 1%

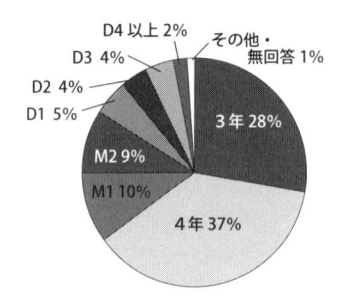

4．理学部における学生関係についてどの程度満足していますか
かなり不満 5%
やや不満 16%
ふつう 34%
まあ満足 36%
かなり満足 9%

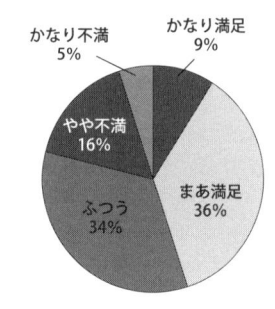

3．時間の使い方について

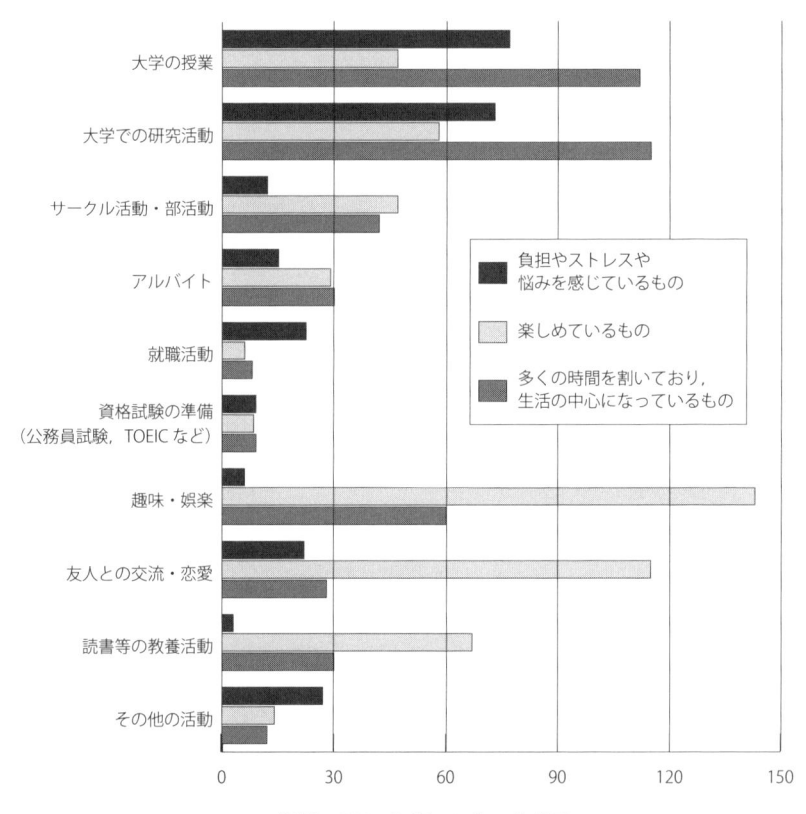

- 大学の授業
- 大学での研究活動
- サークル活動・部活動
- アルバイト
- 就職活動
- 資格試験の準備（公務員試験，TOEIC など）
- 趣味・娯楽
- 友人との交流・恋愛
- 読書等の教養活動
- その他の活動

凡例：
- 負担やストレスや悩みを感じているもの
- 楽しめているもの
- 多くの時間を割いており，生活の中心になっているもの

資料　2007年度アンケート結果

第11章　学生のニーズ・教職員のニーズをくみ取る　157

5．理学系研究科の指導教員との関係（大学院生のみ）

- かなり満足 23%
- まあ満足 34%
- ふつう 31%
- やや不満 7%
- かなり不満 5%

6．困った際に相談にのってもらえるような周囲からのサポートについてどの程度満足していますか

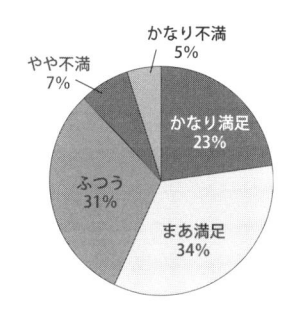

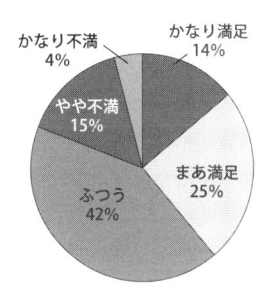

- かなり満足 14%
- まあ満足 25%
- ふつう 42%
- やや不満 15%
- かなり不満 4%

7．あなたは進路の選択に関して，現在どのような状態にありますか

- すでに就職先または進学先が内定している 16%
- 就職先や進学先は内定していないが，志望する進路がある 61%
- 現時点では，はっきりした志望をもっていない，もしくは迷っている 23%
- その他 0%

9．あなたは，「理学系研究科学生支援室」を以前から知っていますか？

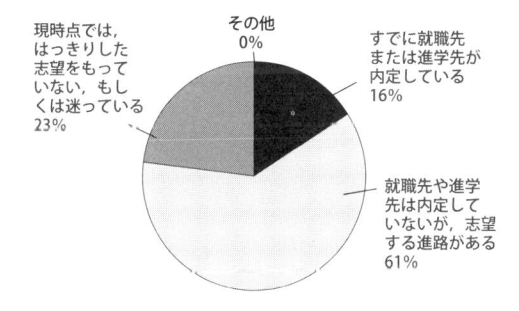

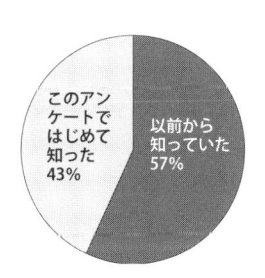

- 以前から知っていた 57%
- このアンケートではじめて知った 43%

8．あなたは，理学系研究科での学業に関し，現在困っていることがありますか（複数回答）

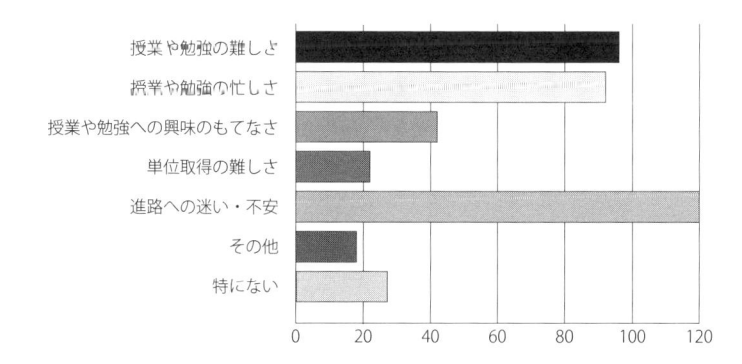

- 授業や勉強の難しさ
- 授業や勉強の忙しさ
- 授業や勉強への興味のもてなさ
- 単位取得の難しさ
- 進路への迷い・不安
- その他
- 特にない

(横軸: 0, 20, 40, 60, 80, 100, 120)

10. 理学系学生支援室を，どのようにして知りましたか（複数回答）（9で「以前から知っていた」と答えた方のみ）

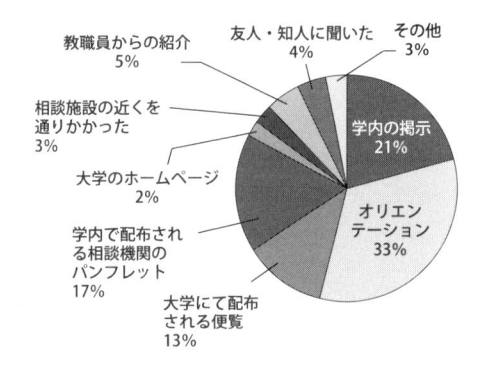

- 学内の掲示 21%
- オリエンテーション 33%
- 大学にて配布される便覧 13%
- 学内で配布される相談機関のパンフレット 17%
- 大学のホームページ 2%
- 相談施設の近くを通りかかった 3%
- 教職員からの紹介 5%
- 友人・知人に聞いた 4%
- その他 3%

11. 学生支援室に行ってみたいと思いますか

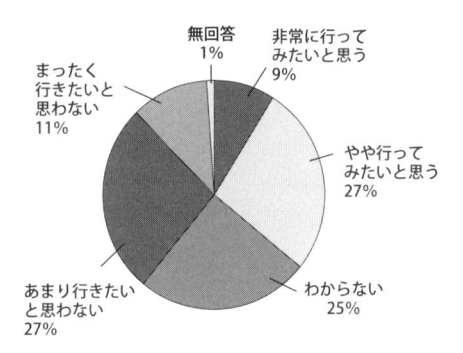

- 非常に行ってみたいと思う 9%
- やや行ってみたいと思う 27%
- わからない 25%
- あまり行きたいと思わない 27%
- まったく行きたいと思わない 11%
- 無回答 1%

12. あなたが「理学系学生支援室」を訪れるとしたら，どのような内容について相談したいですか（複数回答）（Q11で非常に・やや行ってみたいと回答した方のみ）

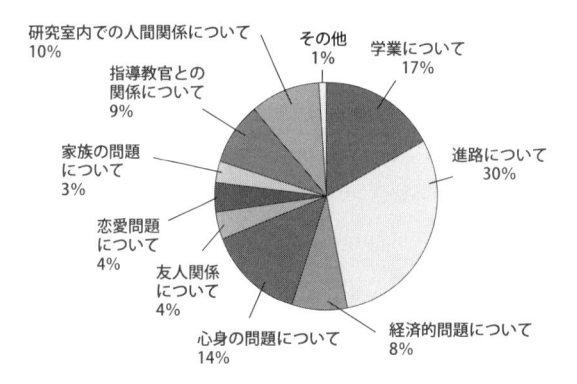

- 学業について 17%
- 進路について 30%
- 経済的問題について 8%
- 心身の問題について 14%
- 友人関係について 4%
- 恋愛問題について 4%
- 家族の問題について 3%
- 指導教官との関係について 9%
- 研究室内での人間関係について 10%
- その他 1%

第12章

教職員と協働して学生相談を育てる──ファカルティ・ディベロップメントの実際

Ⅰ 大学教育に何が求められているか

　今日，国内の大学を取り巻く状況には大きな変化がみられます。かつて一部の大学教員の興味関心は自らの研究活動に偏りがちで，学生のニーズに応えるような工夫された授業が行われていたとは言えませんでした。また，学生への全人的教育という視点も一般的ではありませんでした。

　しかし昨今，より多様で個性的な教育が大学教育に求められるようになりました。「大学全入時代」という言葉に象徴されるように，大学教育はもはや特に高い学力と志をもち，金銭的にも恵まれている一部の人だけのものではなく，青年期の若者がごくあたり前に通過するプロセスとして位置づけられています。この点について，大学側の認識はまだ現状に十分フィットしているとは言えないかもしれません。理学系の教員に「自身が学生だった頃の，教員と学生との関係」について尋ねると，「教員に手取り足取り指導を受けることは少なく，友達や先輩たちと一緒になって自分たちであれこれ考えて研究した」とか「教員は怖い人だったし，教員が自ら声をかけてくれることはなかった」というような声が聞かれます。

　このような風潮や社会的要請のもと，大学には全人的教育を含めた新しい学生支援が求められていると言えます。この章では，支援室と教職員がお互いの専門性を生かしながら学び合い，より学生に資するような学生支援サービスを提供するための活動について述べることにします。

Ⅱ 学生支援室のファカルティ・ディベロップメントについて

支援室で実践している試みのひとつがファカルティ・ディベロップメント（以下 FD）と呼ばれる活動です。FD とは「授業及び研究指導の内容及び方法の改善を図るための組織的な研修及び研究」と定義され，平成 19 年には大学院設置基準において FD は義務化，大学設置基準においても努力義務とされています。

このような政策主導によって実践が呼びかけられ，各大学において着手されることとなった FD ですが，実践の段階では個々の大学が自らの目指す教育のあり方や風土に合わせる必要があります。これまでに学生支援室が実施してきた FD やそれぞれのテーマが設定されたプロセスについて振り返ってみます。

Ⅲ 「学生相談の問題」（2007 年）

支援室として初めて実施した FD です。

教育学研究科の教員であり，支援室のアドバイザーであった下山晴彦教授に理学系研究科から「学生相談」をテーマとしたレクチャーの依頼がなされたことが発端でした。そこで，まずは教員に学生が直面する問題の諸相について伝えるために，「さまざまな学生のタイプとその対応」というタイトルで，学生の抱えがちな問題とその際の教員の対応について概括的なレクチャーを行うことにしました。

このレクチャーで目指したものは，支援室の存在意義を教員に周知することと，現場の教員にすぐに役立つような内容を示すことです。

まず，前半は下山教授が昨今の高等教育政策の変化から学生相談サービスに求められるものについて解説しました。高等教育政策の変化（図 1），学生の多様化によって，旧来の大学の管理運営方式が学生の学びの現場におけるニーズと乖離している状況を示しています（図 2）。このような状況を踏まえて，大学がトップダウン的にサービスを定めるのではなく，現場のニーズに応じる

```
┌─────────────────────────────────────────────────────────┐
│ ❏ 大学設置基準の大綱化 → 教養課程の廃止                  │
│                         大学生の人間的成長を養う場の消滅 │
│ ❏ 大学院重点化 → 研究＞教育の組織改革                    │
│ ❏ 国公立大学の独立行政法人化 → 大学の経営組織化          │
└─────────────────────────────────────────────────────────┘
```

図1　高等教育政策における変化

```
┌─────────────────────────────────────────────────────────┐
│     ❏ 1980年代……心理的モラトリアム                       │
│     ❏ 1990年代前半……レジャーランド大学                  │
│     ❏ 現代……自信のなさ，恒常的不安                      │
│                                                         │
│        ╭──────────────────────────────────╮             │
│        │ ボトム（学生の学びの現場）の不安，問題 │         │
│        │           ⇕       乖　離            │         │
│        │    大学の管理運営のトップダウン化     │         │
│        ╰──────────────────────────────────╯             │
└─────────────────────────────────────────────────────────┘
```

図2　学生像の変化

```
┌─────────────────────────────────────────────────────────┐
│ ❏ 大学や社会の変動，少子化 → 学生のニーズに合った学生支援の必要性 │
│ ❏ 障害を持っている／留学生など多様な背景を持つ学生の入学 │
│     ▸ 弱者，要支援者へのサポート                         │
│       例：バリアフリー支援，ハラスメント相談             │
│ ❏ 現場のニーズから立ち上がる組織づくり → 社会構成主義的観点の必要性 │
└─────────────────────────────────────────────────────────┘
```

図3　今日の学生相談への要請とは

視点，すなわち社会構成主義的立場から組織を立ち上げる必要性について説明しています（図3）。さらに，具体的にこれからの学生支援サービスについて4つの類型にまとめて具体的な提言がなされています（88頁図2参照）。そして4つの活動は臨床心理士の活動が学内でどのような立ち位置を目指すべきかということについても解説しています（図4）。

　そして，後半の導入部ではまず支援室の活動紹介と存在意義について概説しています。まず支援室の理学系研究科機構全体における配置や設立経緯を概観

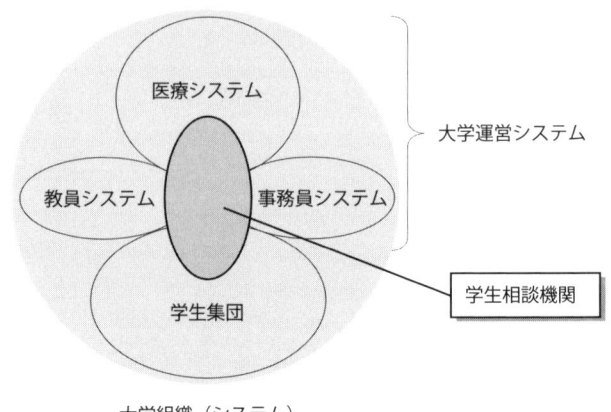

図4　学生相談機関の大学システム内での位置づけ

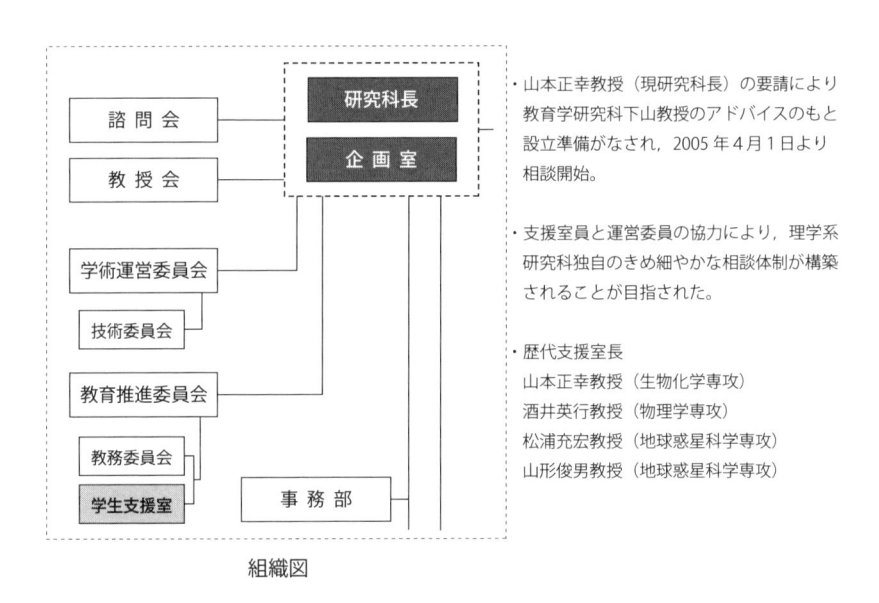

図5　理学系研究科・学生支援室について

- 山本正幸教授（現研究科長）の要請により教育学研究科下山教授のアドバイスのもと設立準備がなされ，2005年4月1日より相談開始。

- 支援室員と運営委員の協力により，理学系研究科独自のきめ細やかな相談体制が構築されることが目指された。

- 歴代支援室長
  山本正幸教授（生物化学専攻）
  酒井英行教授（物理学専攻）
  松浦充宏教授（地球惑星科学専攻）
  山形俊男教授（地球惑星科学専攻）

し（図5），相談件数の推移や運営メンバーについて紹介しています（図6）。さらに，これまでに紹介したわが国全体の学生相談活動への要請に基づき，支援室が部局独自の相談機関として果たす役割について示唆しました（図7）。

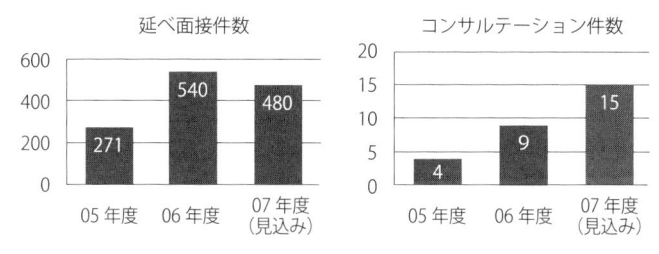

第12章　教職員と協働して学生相談を育てる　163

```
延べ面接件数            コンサルテーション件数
600                    20
400    540  480        15              15
       271             10        9
200                     5   4
  0                     0
  05年度 06年度 07年度      05年度 06年度 07年度
              (見込み)                  (見込み)
```

構成メンバー：支援室員（5名）／運営委員（教育推進委員兼任，10名）／事務職員／
アドバイザー（教育学研究科下山教授）
06年度来談者総数…61名（学部生17名，大学院生36名，教職員7名）
相談内容は学業，進路が主。対人関係，心理的問題が続く。

図6　学生支援室の活動の実際

わが国唯一の部局主導で設立された学生相談機関
☐ **部局特有の文化／問題に対するナレッジの蓄積**
　　　　　　→ 個々の事例に対する細やかな目配りが可能
☐ **問題の原因と考えられる共通因子の推測** → 以後の同種の問題発生を予防

図7　部局が独自の相談機関をもつ意味

　そして後半が当年度のメインテーマである「学生相談の問題」です。まず，学生の諸問題を思い切って類型化し，「元気のない」学生／「風変わりな」学生などの5類型にまとめました（図8）。
　それぞれの類型タイトルには，教員が学生の日常的な振る舞いから直感的に問題に気づくことの助けになるよう，いわゆる臨床心理学上の専門用語を使用しないこととしました。また教育研究活動や学外の活動で大変多忙な教員にとって，詳しすぎる込み入った解説はかえって敬遠され，教員たちの記憶に残らないことを懸念しました。そこで教員の最大の関心事である「問題に気づくポイント」と「具体的な対応」の2点に絞ってそれぞれの類型ごとに記述しました（図8～13）。
　まず「『元気のない』学生」の部分では，抑うつ状態に陥った学生について記述しています。この類型では，あえて抑うつ状態，うつ病を区別しませんでした。細かい議論よりも，教員に対しまずそのような状態に注意を向けてもら

代表的な5つのタイプ ※ひとつのタイプがひとつの疾患と断定できるわけではない ☐ 「元気のない」学生 ☐ 「急に別人のようになった」学生 ☐ 「風変わりな」学生 ☐ 「周りを混乱させる」学生 ☐ 「学校に来ない」学生	「抑うつ状態」の可能性（うつ病を含む） ☐ 特徴 暗い表情／成績不振／不眠や食欲の低下 ☐ 対応 投薬治療と休養が必要。 受診を勧める際は，「よく眠れるようになるため」など，本人が訴える体調不良に着目する
図8 さまざまな学生のタイプとその対応	**図9 「元気のない」学生**
「統合失調症」等の精神疾患の可能性 ☐ 特徴 表情や言動の奇妙さ／空耳，被害妄想的な訴え／会話が支離滅裂／急激な成績の低下等 ☐ 対応 速やかに受診につなげる。 空耳など本人が困っていることに焦点づけて受診をすすめるとよい。	「発達障害」を持っている可能性 ☐ 特徴 空気が読めない／常識やルールから逸脱している／集団から浮いている ☐ 対応 本人が学びやすい環境を作る。 本人が自らの課題を理解できるよう心理教育を行う。
図10 「急に別人のようになった」学生	**図11 「風変わりな」学生**
「ボーダーライン」など，関係性の中で問題を生じやすいタイプ ☐ 特徴 ストーキングや自傷などの派手なトラブル／怒りや被害感／身体症状などの訴え ☐ 対応 本人の課題を周囲が理解し，問題を起こさせないような安定した環境づくりを複数人のチームで行う。	「アパシー」を初めとした，うつ，精神疾患などのさまざまな仮説を考える必要性 ☐ 特徴 不登校／試験や課題提出，呼び出しの回避 ☐ 対応 早期に存在を把握し，問題に応じた対応を行う。本人に「困った」という感じがあればその点に着目して援助機関につなげる。
図12 「周りを混乱させる」学生	**図13 「学校に来ない」学生**

うことを目指したためです。経験豊かな教員の多くはたいてい1人はこのような学生に出会ったことがあるようですが，教員によってさまざまな対応がなされているようでした。そこでこのような状態に対しては休養や投薬が必要であること，そして体調不良に着目して本人に関わることが効果的であることの2点に絞って情報提供を行っています。

次に「急に別人のようになった」学生という類型は，統合失調症などの精神疾患を発病した可能性を示唆しています。想定しているのは統合失調症ですが，病名やその説明にこだわらず，あくまでも「急な変化」が起こったときには注意してほしいこと，周囲が奇異とみなしていることではなく本人が困っていることにアプローチすることの大切さを伝えるよう心がけました（図10）。

「風変わりな」学生は，発達障害や学習障害などの困難をかかえている学生を想定しています。これらの障害については詳しく説明すれば多くの文字数を必要としますが，あえて「風変わり」という感覚的な言葉に象徴させ，周囲と馴染めていないという着眼点をひとつだけ示すことで教員の印象に残りやすいような工夫をしています（図11）。

「周りを混乱させる」学生は，人格障害などの問題を抱えた学生について取り上げたものです。ただし，「人格」が「障害」されているという語感は誤解を招きやすいため，この用語は使用しませんでした。周囲との関係で生じる問題を未然に防ぐことに焦点化し，このような特徴をもつ学生が問題の根源であるという捉え方がされないような工夫をしました（図12）。

最後に「学校に来ない」学生について紹介しています。ただし「不登校」はひとつの問題状況を記述する言語にすぎないため，この類型は前掲の4類型とは違って総括的な問題提起になっています。「元気がない」学生同様，多くの教員が不登校学生と出会っていますが，この類型についても「早期の状況把握」，「さまざまな背景が考えられること」，「本人の困った感覚を大切にすること」の3点に絞って着眼点を示し，学生それぞれの事情を詳しく調べずに一律的対応になることへの懸念を示しています（図13）。

さらにレクチャーの内容を気軽に振り返ってもらえるよう，レクチャー終了時に内容を小冊子にまとめて配布しました。ひとつのケースは1ページにまとめて簡単に概観できるようにし，「本人からのサイン」「概説」「具体的対応」など項目別に簡潔な表現を心がけました。小冊子の言語表現についてはあらかじめ室長に意見を求め，実際に教員が目を通してわかりにくいところ，誤解を招くような表現はないか検討を重ねました（章末資料参照）。

このレクチャーは学生相談機関からのFDとして初めての試みでしたが，後に「これまで出会ってきた難しい学生の問題について理解が深まった」「リー

フレットをその後も読み直した」など，好意的なフィードバックが何件か寄せられました。あえて問題を類型化し，教員に理解しやすい言葉や伝え方を選んだことが奏功したのではないかと考えています。

Ⅳ 「大学院生の不適応問題」（2008年）

　その後，教授会や，支援室が直下に位置する教育推進委員会からの理解も得られたことにより，毎年1回のFDがしだいに定着することとなりました。テーマについては常に理学部コミュニティからのさまざまな声を取り入れ，柔軟に設定しています。2008年のテーマは，教務委員会における教員の問題意識から生まれました。

　支援室は日頃より学科・専攻内のさまざまな教員や委員会からの情報収集に努めています。その一貫として，教務委員会にはオブザーバーとして出席し，学期末等の節目では簡単な活動報告や問題提起を行うことにしています。

　ある回の教務委員会において，昨今の来談傾向の一例として「大学院生の不適応問題」や「修学困難な学部生の問題」について示唆し，教職員にとってもこれらの問題が共通認識であったことが判明しました。そこで，この年度については特に大学院生について取り上げることに至りました。

　プレゼンテーションでは，これまでのケース対応の知見をもとに大学院生不適応の様相を「学力・研究遂行能力の不足」「研究環境へのなじめなさ」「研究テーマ・研究指導への不全感」の3点に分けて示しました。さらに，日常場面で学生からのSOSに気づくためのポイントや面談の実施方法などを具体的に例示しています。たとえば，「学力・研究遂行能力の不足」については，基礎学力やプレゼンテーション能力の不足に加えて，そのことに対する焦りや無力感など，二次的なストレスにまで言及しました。

　また，「研究環境へのなじめなさ」については，成果主義や個人主義といった東大理学部特有の文化が学生に与えているプレッシャーやストレスについて述べました。最後に「研究テーマ・研究指導への不全感」については，不全感だけではなく，そのストレスに適切に対処できないことも含めて心理的負担になっていることを指摘しました。

続いて，不適応に至る大学院生の特性について，その属性（独居，他大学出身者）や性格（きまじめで熱心）などのポイントを挙げ，教員が具体的な視点から問題に気づきやすくなるよう示唆しています。

それから，具体的な対応についても項目を挙げて説明しています。それぞれ「サインを察知する」「日頃からの声かけ・面談の実施」「丁寧なガイダンス・オリエンテーション」「援助リソースの提示」です。

特に「サインを察知する」というポイントは教員の関心が最も高いところです。これについては，「実験が進められない」「セミナー発表の延期・キャンセル」などのパフォーマンスの低下状態がみられることなど，注目すべきポイントを具体的に提示しています。

さらに，サインの察知同様，教員が知りたいポイントである「面談の実施」についても，声のかけ方，話題の選び方，面談の場の設定の仕方など，細やかに説明を行っています。たとえば面談時間の設定に余裕をもつこと，体調面や研究面など，学生が取りかかりやすい具体的な話題で始めることなどです。このような工夫は心理職にとってはごく日常的でささやかなものですが，これらを専門的助言として改めて整理し，教員に実施可能な形で伝えることは心理職の専門性をお互いに再認識するきっかけにもなるでしょう。

３つめの「丁寧なガイダンス・オリエンテーション」については，予防的対応として紹介している事項です。指導教員の人柄，研究に対する考え方，研究室の雰囲気，ローカルルールも含めた研究室の文化は，研究室にすでに在籍している教員や学生にとっては自明のものですが，そのコミュニティの外側からは意識しにくいものです。新しく研究室に入った学生，特に他大学や他の研究室から進学した学生にとっては，日常の細かいルールや文化の違いに適応することのストレスは決して小さくありません。学生を迎える側である研究室が自らの風土等について整理し直し，あらかじめ学生に伝えておくことが両者の行き違いを解消することにつながるのです。

最後に，支援室の紹介を兼ねて「学内援助リソースの紹介」を行っています。それぞれの相談機関と担っている機能の違いについて明確な説明を行うことで，「何となくよくわからないから行かない」という潜在的な相談者が相談機関に足を運ぶきっかけになることを目指しています。

Ⅴ 「トラブルを未然に防ぐコミュニケーション」（2009年）

このテーマは支援室長との協議を経て生まれたものです。室長から，学生対応において教員が「熱のこもった厳しい指導」と「ハラスメント行為」との線引きに迷うことがあるという現状が示唆されました。そこで，3回目は教員と学生とのコミュニケーションについて取り上げることとなりました。

室長からのリクエストは以下の2点でした。すなわち学生対応における日常的留意点を具体的ケースの紹介を盛り込みつつ紹介すること，万が一ハラスメント様の問題が発生したときの対応についても触れることです。

そこで「アサーション」という，相互の人権を尊重しつつ率直な自己主張を目指すようなコミュニケーションスキルについて理解の深い相談員がいたことから，このスキルをベースに教員と学生のコミュニケーションについてレクチャーを行うことにしました。レクチャーでは，「指示するまで動けない学生」「相談してこない学生」などの架空ケースをもとに解説を行いました。

Ⅵ 今後の展望と課題

FDは政策主導で始まったことの影響もあり，形骸化や一方向的・一回限りの講義に終始し，その後の教育実践に反映されにくいことが中央教育審議会の答申にて問題視されています[1]。しかし学生支援室では，FDのテーマを室長や現場の教員から挙げられた「こんなことに困っている」「こういうことへの助言がほしい」という生のリクエストに基づいて決定し，具体的かつ平易な内容にすることで，継続的に実践で生かされることを目指しています。

このような試みは今後も継続する予定ですが，さらなる今後の課題として以下のようなことが挙げられるでしょう。

まずひとつめは教員からのリクエストに呼応して行う講義，という一往復で完結する営みではなく，FDの内容について継続的に教員と話し合ったり，批判や注文に耳を傾ける機会の必要性です。FDの目標を真に教育実践に根付か

せるためには,「FD 以前の『相互に話し合う』習慣をつくらねばならない」[2)]とも言われており,FD はあくまでひとつのきっかけとして,教員とともに学び合う風土の醸成を目指したいと考えています。

2つめは,職員との連携について振り返りの機会をもつことです。現在,職員との連携は個々のケースごとに必要に応じて行うこととしており,学生対応等について体系的に学びを共有する機会はもてていません。もちろん,全学レベルで職員を対象としたさまざまなメンタルヘルス講習会などは実施されていますが,せっかく細やかなやりとりが可能な部局内相談機関としては,今後理学部ならではの連携や振り返りの機会をもち,より豊かできめ細やかなサービスが模索できればと考えています。

(藤原祥子)

文 献

1) 中央教育審議会(2008)学士課程教育の構築に向けて(答申).
2) 神藤貴昭・川野卓二(2008)全学 FD の構造と機能.大学教育研究ジャーナル,5;1-12.

●コラム・教養学部から専門課程へ──進学振分け

　東京大学では,学部へ入学した後は全学生が教養学部(1～2年生)のいずれかの科類(文科一・二・三類,理科一・二・三類)の所属になり,その後,進学振分け制度を経て専門課程(3～4年生)へと進みます。進学振分けとは,進学する学部・学科等を入学後1年半を経た後に,学生の志望とそれまでの成績をもとにして決定する仕組みのことです。そのため,進学を希望する学生が定員よりも多くなる学部・学科へ進学するためには高い成績が必要となります。

　平成18年度の新入生からはすべての科類からどの学部にも進学できる進学枠が設けられていますが,おおむねどこの科類からどこの学部・学科へ進学するかは決まっています。理学部に所属している学生について見ると,7割は理科一類から,3割は理科二類から進学してきます。東京大学には毎年3000人程度の学生が入学してきますが,そのうちの350人程度が理学部へと進学してきます。　　(末木　新)

「元気のない」学生

いまや珍しくない「うつ」。

本人からのサイン

「暗い表情や体調の悪化」,「笑顔が見られない」,「成績不振,研究が進まない」など。

問題のタイプとその概説

タイプ

「うつ」と呼ばれる状態になっている可能性。

概説

失恋や失敗などの心理的にストレスフルな出来事／過労・不眠などの生活ストレス／きまじめで完璧主義な性格など。

「うつ状態」自体はどのような人にも現れる可能性があるが,症状が長く続く場合は投薬などの治療が必要。

具体的対応

まずは投薬と休養,必要であればカウンセリング等により体調と気分の回復を行う。

本人は生来の性格から受診を「甘え」とみなしたりする場合もあるので,体調（不眠,食欲不振,それまで楽しめていたことが楽しめない,集中力の低下などが起こっている可能性がある）に注目し,「体調を本調子にするために」という理由で受診をすすめると受け入れられやすい。

支援室では本人が自ら不調を訴えて来談するケースも多く受理しているが,周囲の人が異変に気づいて相談される場合もある。後者の事例に対する支援室の対応は,本人のもともとの性格や周囲の環境,もし分かれば大学入学以前の様子,最近起こった大きなイベントなどを聴取しつつ,どのように声をかければ来談や受診につながりそうかを探索していくことや,本人の体調に負担とならないような環境調整などを目指すことが中心となる。

資料　配布した小冊子からの抜粋

第13章

大学システムと協働するポイント

I　援助資源としての上位部門

　これまで繰り返し述べてきたように，今日の大学は法人化や少子化，学生の問題の多様化・深刻化の影響を受け，変化を迫られています。学生支援機関もまた，明確な効果が期待できる支援サービスの提供や，学生のニーズに基づいた視点をもち，学生支援の専門性について説明責任を求められています。この章では，支援室が理学系研究科／理学部というコミュニティに根ざし，社会的要請や学生のニーズに見合った支援を提供していくために今後必要な視点と試みについて，検討します。

　コミュニティに根ざした支援について考えるためには，コミュニティにおける支援室の位置づけと，支援室がコミュニティの成員である教職員とどのように関わっていこうとするのか，の両方について十分検討することが欠かせないでしょう。前者については，第11章「学生のニーズ・教職員のニーズをくみ取る」で検討したとおり，支援室はある程度その存在について認知されており，今後はさまざまな情報発信が必要とされる段階を迎えていることが明らかになりました。そこで本章では後者についてまず記載します。

　支援室は単体ですべての学生支援サービスを担うわけではありません。もちろんそれぞれのケースに心理の専門家として真摯に向き合うことは今後も重要な職務であり続けるでしょうが，個々のケースというミクロな側面，あるいは理学部の学生支援そのものというマクロな側面の両方において，教職員との協働のあり方をコーディネートすることも支援室が目指すべき重要な方向性と考

えています。

　今日，すでに多くの学生相談機関において，心理専門職である相談員以外の教職員と連携し，チームで援助にあたるという発想は広く浸透しています。学生支援室はその発想をさらに広げ，援助に参加するメンバーとその役割をできるだけ柔軟に捉えたいと考えています。

　そのために実践していることのひとつが，理学系研究科／理学部の上位部門をも援助主体と見なすことです。そしてもうひとつはそれぞれの教職員の専門性を活かしながら，場面に応じた役割で援助への参画を促すことです。

　支援室の上位部門とは，具体的には支援室の運営方針などを審議する「運営委員会」や，研究科長直属の支援室の上位機関である「教育推進委員会」などがそれにあたります。また支援室は直下の機関ではないものの，研究科全体の教務委員会や，各専攻／学科の教務委員会など学生支援に関わる各種委員会も同様の部門と見なすことができます。

　かつてこのような部門が学生相談サービスと接点をもつのは，新しいサービスを実施したり，運営方針が変わったりするような局面に限られていました。しかし，支援室では上位部門自身に各々の問題解決に携わってもらうことがあります。このことによって，相談員のケース理解とは異なる視点が生まれたり，上位部門ならではの具体的かつ迅速な介入が可能になったりするからです。

　また，個々のケース以外にも支援室の活動方針等について有意義な提言がもたらされることもあります。たとえば学内で開催される学生行事に顔を出したり，学内の諸委員会に出席したりする試みは，上位部門からの提案によるものでした。

　水平方向に対等な関係にある教職員だけではなく，上位部門をも援助の主体や連携の相手方として捉えることにより，支援室は理学部というコミュニティの要請によりきめ細やかに応え，コミュニティの資源を余すことなく活用できると考えています。

Ⅱ　役割を柔軟に解釈する

　もうひとつは，上位部門も含めて支援室と教職員との協働のあり方とお互い

の役割について柔軟に解釈することです。

　たとえばケース対応の際，教職員と支援室はそれぞれの専門性，立場に基づいてケースへの異なる視点を提供します。そして，必要に応じて面談や助言を行うなど，教職員が援助資源そのものとなることもあります。あるいはケースの内容によってはひとつのケースを心理的側面と学習面とでそれぞれ分担して担当するチームになることもありますし，あるいは教職員はコンサルタントとなり，あくまでも支援室が前面に立って学生に対応することもあります。このようにコンサルテーション場面において，コンサルタントの役割を担うのは相談員だけではなく，教職員もまたコンサルタントとしての立場から専門性を発揮することがあるのです。

　また，連携の場面は個々のケースだけではありません。会議の場では支援室の発議を上位部門が承認するという関係になったり，ファカルティ・ディベロプメントの場面では支援室が専門的知識の提供者となり，上位部門は知識の受け手となったりします。両者の関係がケースの展開や大学を取り巻く状況に即して変化していくことで，当然両者の役割も時々刻々と変わっていくのです。

　ただし，支援室が大切にしているこのような柔軟性は，ある意味において支援室がもつ「硬さ」で支えられていると言うことができます。

　たとえば自傷他害の場合等特別なケースを除いては，ケースについて教職員に開示するには学生本人の許可が必要です。特にハラスメント問題に発展することが懸念されるようなケースについては，どのような情報をどこまで開示するかということについて学生にその都度丁寧に確認し，学生の信頼感や安心感が損なわれることのないように厳密な手続きを経ています。

　また，各手続きや業務の遂行においては運営委員会などの議事録に基づいた内容がその指針となっており，ハラスメント未満のケースなどにおいてはとりわけ注意深く，厳正に運用されています。このことは各ケースにおいて学生のプライバシーを守るためだけではなく，室長や一人ひとりの運営委員の交代などの人事異動や属人的な特性によって支援室の運営方針が大きな影響を受けず，安定的に運営されるためにも必要です。このような「硬さ」は，柔軟な対応と対照的に存在することによってその存在がよりいっそう明確になります。このような最低限の枠組みがあるからこそ，その枠組みの中での柔軟な対応を

効率的に検討することが可能となります。

Ⅲ 今後検討すべき事柄について

　これまで，支援室がコミュニティに根ざした組織として行っている実践を概観してきました。上位部門を含めたすべての構成員を援助リソースとみなしていること，そして支援室を含むすべての構成員が場面に応じて役割を変えながら支援に参加していることの2点が，支援室と理学部が試みている援助の形であると言えるでしょう。ただしその柔軟性は，プライバシーを守るためのルールを厳守することなどの「硬さ」によって支えられているものであることを付け加えています。

　しかしながら，このモデルは現在もさまざまな課題をはらんでいます。そのことについて下記で検討してみたいと思います。

1．お互いの「専門性」を尊重すること

　困難なケースが起こった場合，教職員は「専門知識のある相談員に全面的に対応してほしい」という姿勢を見せることもあります。これは決して教職員が援助を放棄しているわけではなく，むしろ相談員の専門性に敬意が払われ，学生に対して最善の対応が望まれるためにこのような動きが起こるのだろうと考えています。

　しかし，たとえば精神的な問題がないかどうかというアセスメントを相談員が行い，教職員の側は学生の普段の様子，交友関係，学力などから学生に対する独自の見立てを提示することで，学生に対する理解が深まり，より多角的視点から支援を検討することができるのです。それぞれの専門性を活かしあうことのよさが伝わるよう，教職員との相互理解を深めていきたいと思っています。

2．共通の目標設定の難しさ

　ケース対応において，相談員と教職員とでは問題の捉え方や介入のやり方がお互い一致しないこともあります。たとえば対人関係に困難を抱える学生が研究環境を変えたいという希望で来談した場合，教職員が「研究室移動を実現さ

せるのがよい」と提案しても，相談員はそのような具体的な介入が適切と考えないこともあります。対人関係の困難さが本人の特質にも関係している場合，環境を変えても再び同じような問題に直面する場合があるためです。どのような介入や見立てがクライエントにとって短期的・長期的にどのような影響を与えるかということについては，お互いに粘り強い話し合いを行う必要があるでしょう。

3．役割の認識に敏感であること

特に深刻なケース対応においては，お互いの関係が指揮命令関係に移行し，相談員の発言や行動には制限を伴う場合があります。そのような場面では，相談員だけで発言や活動の責任を負うことができないためです。このような制限は相談員の立場や学生支援機関そのものを守るものでもあり，やむを得ない対応といえるでしょう。どのような場面でお互いの担う役割がどのような意味をもっているのか，常に両者が認識を共有しておくことが大切と言えます。

4．変化の意味を捉えること

柔軟な組織の宿命として，たとえば勤務する相談員の交代や部局の組織の変化の影響を受けて，支援室の運営のあり方が変化することもあり得るでしょう。しかし，変化はあくまでも個々のケース，学生や大学のニーズに沿ったものとして，学生支援のための必要性に基づいて起こることが望ましいと考えています。このような，学生支援とは直接関わりのない理由で組織の変化が起こりそうになった場合，どのように組織の自律性を守っていくかということは大きな課題でしょう。

5．守秘義務の問題

相談員にとってクライエントのプライバシーを秘匿することは自明のことと捉えられがちです。しかし，第11章で検討したとおり，教職員は必ずしもそう感じていないことがあります。たとえばカリキュラムの変更など構造的な変更を検討したほうがよいと思われるような複数のケースがあるのならば，学科として対応するためにケースの情報を求められるのは自然なことでしょう。こ

のような場合，相談員と教職員が対立関係に陥ってしまわないために，お互いの認識を十分に開示することが必要です。

　今後取り組んでいくべき課題をいくつか挙げましたが，お互いがそれぞれの役割や立場について常に意識することに努め，お互いに十分なフィードバックを行うことでいずれも打開の道が開けると考えています。

　この章で考察した内容は，まだ立ち上げから日の浅い試みから導き出したものです。そして今この瞬間もさまざまなケースの蓄積が支援室の組織のあり方や相談員，教職員の意識に影響を与えています。しかし，この章で描いた内容が1年後にはどこか陳腐化しているとすれば，それは支援室がコミュニティのニーズに応えようとして柔軟に変化したことの証と言えるかもしれません。今後も一つひとつのケースに向き合い，教職員とともによりよい対応や支援室のあり方について検討を続けたいと考えています。

(藤原祥子)

●コラム・国際水準の研究拠点を目指すグローバルCOE

　グローバルCOE (Center of Excellence) プログラムとは，2002年から文部科学省において開始された「21世紀COEプログラム」の評価・検証を踏まえたうえで，その後継として2007年度からスタートした文部科学省の事業のひとつです。このプログラムは，大学院博士課程を対象に，国際的に卓越した教育研究拠点の形成を支援するものであり，あらゆる学問分野にわたって公募が行なわれています。

　現在までに全国の41大学で140拠点が採択され，東京大学にはそのうちの1割を超える17拠点があり，理学系研究科が関わるものには，生体シグナルを基盤とする統合生命学，理工連携による化学イノベーション，未来を拓く物理科学結集教育研究拠点，数学新展開の研究教育拠点があります。

　学生の抱える悩み・相談には経済的な側面に関するものも多数含まれますが，相談を受けているとこうしたプログラムが博士課程の学生の経済的な側面を支えているように感じられることも多々あります。

(末木　新)

part 4 / 大学が学生相談を育てる

第 14 章

理学部発の学生支援室の誕生

Ⅰ 学生支援室創設の出発点を探る

　東京大学大学院理学系研究科・理学部（以下，理学系）に，「学生支援室」という部局専用の相談室が設置されたのは，2004年のことでした。当時東京大学の中には，「学生相談所」，「保健センター」が既設されていましたし，その他にも，「ハラスメント相談所」という特定問題への専門支援を提供する機関も設置されていました。東京大学は学生支援に関して充実したサービスを提供していると言えるでしょう。それにもかかわらず，理学系はなぜ部局の中に相談室を設けようと考えたのでしょう。

　組織の存在意義を考えるには，創始者，創案者の問題意識を辿るとよいと言われます。支援室設置の着想は，当時研究科長に就任していた岡村定矩教授（天文学専攻）によるものでした。また，支援室を開設するにあたっての準備を実働上に担ったのは，当時の副研究科長，山本正幸教授（生物化学専攻）です。幸い，支援室の歴史はまだ浅く，創始者である岡村教授も，設立準備の中核を担った山本教授も在任中です。本章では，支援室が成立するまでの経緯を紹介しますが，執筆にあたり，岡村教授と山本教授にインタビューを依頼し，当時の状況をお話しいただきました。ここでは，両教授のインタビュー内容を交えながら，支援室設立までの過程を詳らかにし，理学系が独自の相談室をもつことの意味を考えます。

Ⅱ 東京大学理学部・理学系研究科という部局

　まず，はじめに東京大学の中の一部局である理学系の概要を簡単に紹介しましょう。理学系の母体である東京大学は，留学生や研究生までを含めると学生数約 32,000 人を抱えるマンモス大学であり，多くの学部と研究科，研究所を併せもつ総合大学です。他の国立大学と同様，その使命として研究大学の機能を担っています。

　その中で，理学系は学部生(3，4年生のみ)約 700 名，大学院修士課程 850 名，博士課程 700 名，それに研究生を加え約 2,200 名余の学生と 270 名ほどの教員で構成される部局です。部局の特徴として，研究機能が強く大学院の比重が高いことは，学部生の 9 割が修士課程に進学し，さらに修士課程修了者の約 5 割が博士課程に進学するという割合からも見てとれます。大学院重点化政策以降，大学院生数を増加させたことにより，今や大学院生は学部生の約 2 倍数が在籍しています。修士・博士課程の段階で多くの学生が他大学から入学してくることも特徴のひとつです。

Ⅲ 国立大学法人化がもたらした影響

　さて，先述のとおり，理学系専用の相談室を作ろうと発想したのは，岡村教授でした。岡村教授が 2003 年 4 月から 2005 年 3 月，研究科長に就任していたまさにその 2 年間は国立大学にとって激動期であったと言えます。2004 年，国立大学は国家の一行政機関という位置づけから，独立行政法人化されました。大学の設置形態と制度改革の一大転換が図られたのであり，このことは日本の高等教育史においても非常に大きな出来事でした。この改革の一環として支援室設立も着想されたわけですが，まずはその背景である国立大学法人化の影響を見ていきます。

・**管理運営システムの変更**：日本の国立大学は過去 1 世紀余にわたって，法的には文科省の下部機関で，基本組織と規則は文科省によって定められていま

した。その枠内で各大学は，教員間の情報共有および合意を前提とした部局・教授会中心の，ボトムアップ型意思決定システムのもとで運営されてきました。それが法人化により法規上は，文科省とは別の独立した法人となり，学長の強いリーダーシップによる執行部中心のトップダウン型システムが導入されることになりました。

・**資源配分方式の大学自己裁量と自助努力による資金調達**：従前国立大学は，運営に必要な経費全額が政府によって保証されていましたが，法人化により運営費交付金と自己収入を財源に，自立的経営が求められることになりました。この改革により，文科省が従来定めていた細かな使用費目の縛りが外れて各大学の自由な資金使用が認められ，大学経営の最も重要事である人員と予算の学内配分について，学長がトップダウン形式の決定権限をもてることになりました。

・**外部評価の導入**：法人化されたとはいえ，「国立大学法人」は，中期目標・中期計画を文部科学省に提出して承認を受け，またそれらの達成状況を外部から評価される仕組みです。中期目標・中期計画には，教育研究，業務運営，財務内容など大学が行うあらゆる活動に関する項目を記述する必要があります。中期目標・中期計画が順調に達成されてはじめて適切に運営されているという評価が得られるのです。そのために，大学内で絶えざる自己点検をすることが重要になりました。

上記のような大学改革に連動して，学内各部局も当然のごとく変革を強いられました。部局内の管理運営システムや教育研究に関する一切について，研究科長の強いリーダーシップが求められるようになったのです。部局内での予算や人員の配分に関しても研究科長に裁量権が認められるようになったことは重要な変化でした。このことは，研究科長の理念や方針が，部局のあり方に端的に影響することを意味します。

Ⅳ 研究科長の着想——理学系に新しいシステムを作ろう

さて法人化改革の渦中，岡村教授は理学系内の変革に携わる一方で，学生の

教育研究問題について苦慮を強いられていた事案がありました。それは，あらゆるルート，さまざまな形態で研究科長のもとに集約されてくる，学生と教員間の関係調整に関する案件をどう扱うかという問題でした。たとえば，それらは，あるときは研究科長への直訴という形で学生個人から訴えられてきました。別の場合は，学内相談機関で相談されていたケースが解決に至らず，部局として対応してほしいと，研究科長のもとに調整が求められてくるという具合でした。岡村教授は当時の状況を次のように語っています。

＊以下ゴチック部分は岡村教授・山本教授からの答え。〈　〉は相談員。
「学生がいろいろ困っているときに，何とかしないといけないという構想が出てきたんですね。なんでそう思ったか，やはり研究科長になると，いろいろな問題が起こっているのが見えてくるし，実際に「研究科長に解決してほしい」と言って問題が集まってくる。学生と教員との間の問題がこじれてしまってね。こういう問題の難しさというのを実感しました。」

「こじれてしまう」問題の多くは，研究室内での対人関係や指導にまつわる事柄が中心でした。学生は何とか苦境を脱しようと場合によっては学内相談機関に相談に行きますが，

「（学生は）いろいろな学内の相談所のお世話になるんだけれど，結局解決に至らずに相談所のほうから部局の研究科長のところに「対処して下さい」と来るんです。学内のいくつかの相談所は，そのシステムとして，基本的には部局とのチャンネル，教員とのつながりをもっていないし，強制的に教員を呼んで一緒に話し合いましょうという仕組みにはなっていないのです。」

研究科長のもとに問題が託されてくる頃には，すでに複雑化，深刻化してしまっている場合が多く，そこからの解決はいっそう難しい，岡村教授はそう実感していました。そして，問題が「こじれてしまう」前の早期発見と早期対応が必要だと考え，そのためにはどうすればよいかを思案しました。

「理学系の中で，あまり事柄が深刻にならないうちに対応するということが大事ではないかと思ったんです。事柄が起こってしまったら，早い段階で対応して，教員が悪いケースだったら，そのことを当の教員に指摘する人がいるとかね。放っておいてひどいことになってから手をつけると大変です。学生も教員も不幸だ。
　学生へのカウンセリングだけで対応できる場合はそれでいいと思う。けれども，私のところに来たいくつものケースをみていると，学生が不調をきたすには何か原因（教員とのトラブルや専攻の問題等）があることが多い。だから原因を取り除くところまでできればとってもいいけれど，それは教員と協力することなしには解決できない場合が多いと思った。特に大学院生の研究室の問題についてですね。
　だから，もし教員や専攻に問題があるのであれば，その教員や専攻の人と関係を作って，アクセスしながら解決法を探っていく仕組みが必要だろうと思ったわけです。」

　学生と教員間でトラブルが発生している状況があるのであれば，できるかぎり問題を複雑化深刻化，拡大化させないよう，早い段階で手当てをすることが大事である。また，困っている学生一人ひとりの問題に対応することは当然丁寧に行わなければならないけれど，もし部局や専攻などコミュニティの問題として根本的に対処すべき要因があるのであれば，その要因を特定して，改善する必要があるだろう。そのためには，教員を援助資源として活用することが必須である，と岡村教授は考えました。このことが岡村教授の支援室発想の原点でした。「早いステージ，軽微な段階での問題対処」「コミュニティ環境改善の視点」「教員とのパートナーシップに基づく学生支援」，これら3つの観点は，岡村教授による新しい学生支援システムの中軸理念だったといえるでしょう。

Ⅴ　副研究科長による準備期間
――学生支援室の実現はほんとうに可能か？

　岡村教授により発案された支援室設立案は，理学系内教育関連の方針を審議・決議する教育推進委員会にて2004年4月に提起されました。委員会での反応について，

〈反対意見はありませんでしたか？〉

「積極的に賛成する声があったわけではないけれども，大反対が起こったわけでもない。まだ何とも言えないという感じでしたかね。」

　法人化による管理運営システムの改革で，研究科長の問題意識や理念に基づいた強いリーダーシップが発揮される体制であったからこそ，支援室設置の立案が比較的スムーズにかなったのであろうことは推察されます。

　岡村教授は，副研究科長であり教育推進委員会委員長でもあった山本正幸教授に支援室設置の実現可能性を探ってほしいと依頼しました。

　山本教授が，支援室設置案の可否検討について，はじめに着手したのは，学内の各相談機関を訪問し，理学系学生の相談実情がどのようであるか，また部局独自の相談機関設立についてどの程度実現性があるのか，意見を求めることでした。その過程で，山本教授は，東京大学ではすでに法学部が部局専用の「学習相談室」を設置済みであることを知りました。しかしながら，法学部の相談室は修学上の問題対処を中心に据えており，理学系が求めている用途とは趣旨が異なっています。けれども法学部から，法学部の相談室設立をサポートしていた東京大学教育学研究科臨床心理学コース下山晴彦教授が相談室設置のための環境整備や運営ノウハウについて相談に応じてくれるのではないか，と紹介されました。

　ここで臨床心理学という学問について説明を添えておきましょう。臨床心理学は，「心理的問題の援助や解決・予防・研究や人々の精神的健康の保持，教育を目的とする心理学の一学問分野」です。下山教授は，自身も学生相談領域における相談員として豊富な経験があり，かつ対人援助においてはコミュニティ全体に働きかけることを志向するアプローチをとっていました。山本教授が教育学研究科の下山教授につながったところで，理学系内での新システム開設に実現可能性が見えてきたとのことでした。

　下山教授は，山本教授からの依頼を受け，支援室設立に関するコンサルタントの役割を担うことになりました。支援室設立以降も，下山教授は支援室アドバイザーの任に就き，専門家の立場および理学系外部の視点から，理学系内の支援，援助に関する助言を行っています。

ところで，岡村教授に支援室設立準備を委任され，模索しながら進めて山本教授ですが，山本教授は支援室の設立についてどのように考えていたのでしょうか。

「岡村先生との（支援室設置に関する）話し合いの中で，理学部内に学生のさまざまな問題があることは承知していたし，彼らの問題が，既存の相談機関だけでは解決し難いようだということはわかってきていました。
　それから自分の実感としてもうひとつ，動けなくなって不登校になっている学生や，うつで苦しんでいる学生や，いろいろな問題を抱えている学生が増えてきているけれども，彼らの問題に対処するときに理学系の学生のスペシフィックな問題とか傾向があって，そこを踏まえたうえで，深くきちんと考えてもらえる場所が必要ではないかということは思いました。」

新しい学生相談システムの構築にあたっては，岡村教授の発想「早いステージ，軽微な段階での問題対処」「コミュニティ環境改善の視点」「教員とのパートナーシップに基づく学生支援」という視点に加え，山本教授からも「理学系学生特有の問題と傾向への対応」という重要な問題意識が加わっていました。
　岡村教授と山本教授の明確な指針のもと，下山教授のコンサルティングにより，支援室の青写真が形成されていきました。支援室という名称の由来を山本教授は次のように述べています。

「相談という用語はすでにある学生相談所と混同しやすいということ，それからカウンセリングと言うよりも学生を支援する，サポートするというコンセプトを前に出したかったということですね。」

支援室はその後，2004年11月より，相談員による具体的な設立準備が始まり，2005年4月1日より本格的な相談活動を開始しました。

Ⓥ Ⅰ 運営委員会制度——理学系教員と相談員の協働

　岡村教授と山本教授の方針は，支援室運営上の制度設計に反映されました。つまり具体的には，支援室の相談を臨床心理学を専門とする相談員だけが受けもつのではなく，理学系の教職員も必要に応じて学生のサポートにあたるシステムを導入したのです。支援室の室長に，理学系副研究科長が就任し，また「運営委員会」制度を設けることにしました。支援室運営委員会の構成については第7章の図1と図2（101頁）をご参照下さい。

　運営委員会の構成に関する重要なポイントは，研究科長，副研究科長といった部局内で権限をもつ役職にある教員がメンバーに含まれていること，各専攻から必ず1人は教員が選出されていること，そして，理学系事務職員の中からも学務関連の管理職がメンバーに入っていることでしょう。加えて他部局である教育学研究科の臨床心理専門教員がアドバイザーに就いていることも体制を盤石にしています。

Ⅶ 学生支援室に対する理学系教員の願い

　支援室設立の出発点は，「これからは部局としても，学生の問題を主体的，自律的に把握し対処していきたい。そのための体制を整えておく必要がある」と考えた岡村教授の問題意識でした。そして構築された理学系の新しい学生支援システムには，「学生が安心して研究に専念できる環境を整えたい」という山本教授をはじめとする理学系教員の願いが反映されています。

　現在，設立5年を迎えた支援室では，学生からの希望や依頼に応じて，運営委員会の教職員を紹介したり，運営委員を交えた相談の場を設定するなど教職員と連携した多様な支援を提供しています。教職員と相談員が一体となって理学系の学生を支える態勢が定着してきていると言えるでしょう。

（岡村定矩・山本正幸・榎本眞理子）

第15章

鼎談：いま大学に求められる学生支援とは

相原博昭（理学系研究科教授／副研究科長／学生支援室長）
紺野鉄二（理学系研究科事務部長）
下山晴彦（教育学研究科臨床心理学コース教授／学生支援室アドバイザー）

I 新しい学生相談のかたちができるまで

下山：私は25年くらい前に，東京大学と東京工業大学の2つの大学で計12年間学生相談に携わった経験があります。当時はクリニックモデルと言っていいと思いますが，一対一でいわゆる心理療法をやっていました。それはそれでプライバシーを守れたり価値があったと思います。ただし，できることに限界がありました。

ひとつには，問題がこじれてから来談するので緊急措置など対応が大変だったことです。もうひとつには，一対一の心理療法が中心なので，大学内のさまざまな資源を活用できなかったということです。研究科や学部に協力を求めて相談員が相談に行くけれど，向こうも「できることはしますけれど」と，身内として親身に対応してもらうことは難しかったし，われわれもそれを求められませんでした。学部ごとの自治というものが基本的にはありましたので。

それで（学生相談の相談員から）本学の教育学研究科に教員として戻った際に，ある意味密室の中で，問題が起きてこじれてしまってからの相談ではなくて，幅広いコミュニティの中に出ていろいろな資源を使って相談活動をしようと考えました。そんなときに法学部から（部局内相談室を作

りたいという）相談が私のところにあって、やらせていただいた。だいたいノウハウがわかったところで、今度は理学部からも同様のお話をいただいたという次第でした。ある程度ノウハウや発想がありましたし、そこに新しいアイディアも加えて理学部に提案させていただきました。（実際に支援室が始動すると）私ども臨床心理学の専門側が期待していた以上に、理学系が協力してくださり、非常に優れたシステムを作っていただいたと思っています。私も（支援室アドバイザーという）関係者でありながらも同時にその発展の行方に注目しているところです。

相原：理学系あるいは理学部の側からのお話をすると、理学系には比較的成績のいい学生さんが進学してきます。学問をひたすら考えるのが好きという人たちなので、反面外部とのコミュニケーションがとりにくい人も多い。というか、そもそも人とのコミュニケーションが重要だと思って育ってこなかった人が多いです。私も含めて（笑）。ただし、勉強は好き。研究も好き。自分の選んだことは一生懸命やるんだけれど、そこからちょっと離れると一般的なことを知らないというタイプが多いのは事実です。

　ただ、そういう面をネガティブに捉えるのかどうかは別でして、そういう人たちのほうが科学を勉強するのには向いているということもあります。これは、別に障害ではなくて、特徴あるいは個性なんではないでしょうか。好きなことに集中するとか。風変りな人たちはどこにもいます。昔、つまり僕らが学生の時代は、ケアと言うよりは放っておいて、その中で学者として大成する人だけが大学に残っていけばよいという考えをもっていた教員が多かったとように思います。

　けれども時代が変わってきて、大学院も大学も学生数が以前の２倍くらいに増えてくると、だんだん社会的要請も変わってきます。今は大学に面倒見のよさが求められるようになっていると思います。学生の意識も変わってきていて、放っておかれるのがダメ、もっと丁寧にケアしてほしいとの要求が確実にあります。学生も保護者も充実した大学生活を送れるような仕組みを大学側が用意することを求めている。その辺で、教員と学生の意識に次第にズレが出てきた。そしてあるところで大学の運営側としては、このまま理学部の教員だけでやるのは無理があるのではないかという

結論に至った。専門家の手が必要なのではないか。その辺から学生支援室という形が出てきたのだと思います。

紺野：私は事務として学生支援の経歴は短いながら，これまでの経験からお話しします。昔は部局に支援室のような体制はなかったので，事務窓口で学生さんの問題を対応していたことが多かったと思います。事務職員も経験に頼ってやっていたのでしょうが，下山先生がおっしゃっていたように，こじれてから事務窓口に苦情を申し出てくることも結構あって，われわれ事務職員も訓練を受けているわけではないので，精一杯対応はするのだけれど，結果的に揉めてしまうということもあったと思います。

　理学系の支援室のような体制があるのは，学生・教職員にとっていいことだと思います。われわれとして，事務窓口では学生さんへの個別相談には乗れますが，それ以上の重い相談は素人が話を聞くのはかえってこじらせる原因にもなりかねない。学生・教職員にとって，支援室があれば，窓口に深刻な相談があれば紹介できます。

Ⅱ　学生相談の新たな展開に向けて

相原：支援室ができて，学生相談というものに対する部局の中のイメージが変わってきていると思います。はじめは，ネガティブなものを治療するという観点から負の部門というイメージだったかもしれません。しかし次第に，発達障害を含め，いろいろな特徴をもった学生がいるのだという意識が教員側に出てきた。大学の中で受け入れるというか，コミュニティ全体でいろいろな特徴をもった学生を育てる必要があるという方向に教員の意識も向いてきました。

　しかしそうは言っても，教員側はどう対応するかという訓練は受けていないわけで，学生と向かい合って話をしようとしてもお互い何が問題なのかよくわからないし，相手が何を求めているのかも理解するのに時間がかかる。その橋渡しとして，支援室というシステムを作って，教員と学生の意識のずれを修正する，あるいは，両者の関係を取りもつことが必要だったのだと思います。そういうところが，支援室の役割として求められてい

るところですし，重要になってきたということだと思います。

下山：今のお話で，発達障害はその代表ですけれども，特徴とおっしゃっていたのは個性のようなものです。そういう個性のようなものは，治すというより，いかに生活しやすくするかということだと思います。その場合，実際には専門家がひとりでできることには限界があります。学生が生活しやすい環境を作っていくとなると，専門家側にとってもコミュニティや組織と連携しないと何もできない。お互いに補完しあうということだろうと思います。

紺野：支援室は必要に応じて定期的に執行部・教務委員会などとも連携しているので，密室対応になることがないのはいいですね。

相原：今は教授会でも支援室の報告を流すようにしています。以前は執行部の教員にしか報告しないというスタイルだったのですが。もちろん個人情報には留意しています。今，理学系では，相談というのは学生さんとのコミュニケーションの手段のひとつという形になってきていると思います。（相談に行くことは）あたり前の行為だとコミュニティ全体が思えるようになればいいんですけどね。

紺野：そうですね。学生の質も変化してきているので，いろいろな学生がいるんだよということが部局内に伝達されていくと，われわれ事務にとっても窓口対応が違ってくるはずなんです。対応の仕方も変える必要があると思うのですけど，（情報が入らないと）事務職員も古くからの経験で同じような対応を取ってしまうこともある。情報が来れば，われわれ事務も少し変わってくるのではないかと思います。

Ⅲ 問題発生を未然に防ぐという発想

下山：どんな難しい問題を抱えている学生でも，最初から混乱しているわけではありません。もちろん素因というものはありますが，環境さえうまく整えばむしろ能力を発揮するという人も多いといえます。問題というのは，悪化するプロセスがあって少しずつ問題として発展してしまう。そういう意味で，問題が起き始めたときにしっかりキャッチすることが肝心になり

ます。それを問題として見るのではなく，むしろコミュニケーションのずれとして対応していると，実は（問題発生を）未然に防いでいくことにもなります。逆に，能力を発揮する方向にもっていくことだって可能です。つまり，問題が起き始めたときに事態が悪化しないようにきめ細かく対処していくことが，問題が問題として発展するのを未然に防ぐことになるのです。一見すると，重要なことをやったようには見えないかもしれませんが，実際には学生が問題を解決できるように環境を整えるといったサポートが必要となるのです。そのあたりがポイントかと思います。

相原：社会全体が変わってきているので若者の質も変わってきます。たとえば不登校の学生なども，今はあたり前のようにたくさんいる。そういう学生とも何とかコミュニケーションできるようにする。そうしないで，問題を切り離してどこかに押し込めるというスタイルの対応ではすまなくなってきていると思います。

下山：昔はいろいろな学生を許容する何かが大学にはありましたね。今は大学も変わってきました。そこにハラスメントの問題が出てきて，今度はちょっとしたずれを対立構造として見る傾向が強くなってきてしまいました。そういう中で，早め早めに協力して問題を解決していくということが重要となります。

　それから，相原先生がおっしゃっていたように，（専門家が）孤立化してはだめですね。われわれ援助専門職が気をつけなければいけないのは，専門家だから自分たちのところに来れば治してあげるというように，問題を囲い込んでしまうことです。それでは，いろいろな資源を見失うことになってしまいます。しかも，（学生を）戻っていくべきコミュニティから離してしまうことにもなります。気をつけなくてはならないところだと思う。

Ⅳ　理系のための学生相談があってよい

相原：理学系でもいろいろなレベルの悩みがあり，学部と大学院では問題の質も違います。学部では成績の問題や進路の問題が多いように思います。自

分は非常に優秀だと思って進学したのに挫折してそれが深刻な精神的悩みになったりします。大学院になると研究室内の人間関係の問題が大きいですよね。普段研究室で24時間ずっと一緒にいたり，土日もなく，一緒に研究している人もいるわけです。家族より過ごす時間が多くなって，そこでの問題というのはいったん深刻になると，最終的にはハラスメントのような重大な問題になったりします。

紺野：研究室での生活は，同じ理系でも専攻によって違いますし，学部でも文系と理系とでは勉強の仕方から違うと思います。すると，さまざまな問題の対応の仕方も違ってくると思います。

下山：システム論というのがあって，システムが閉じていると，問題を解決しようとすることがかえって問題を悪化させる悪循環を生じさせてしまうことになります。そのような場合には，そのシステムが開かれるといいんですよ。たとえば，学生と教員の関係が閉じたシステムの中で対立的になると，どんどん関係は悪化し，不信感がつのり，時には憎しみ合うことになったりします。そこに相談員が入ることは，閉じた関係システムを開かれたシステムに変えることになります。それは大きいと思います。

相原：（相談員という）心理学の専門家には，部局ごとの個性あるいは文化の違いなどは，わかりづらいかもしれません。たとえば理学部と法学部の文化は明らかに違うと思うし，理学部と工学部の学生の意識も違うと思います。学生に対する支援も，教員側が部局や学生の違いを理解したうえで，専門家と連携をとってはじめてきめ細かいサービスが提供できるのだと思います。大学内でこういうシステムをデザインしていくときには，対象となる集団の違いを理解して，それぞれに対応していかないとうまく機能しないのではないでしょうか。

下山：（専門家の側も）何年かかけてそういう文化を吸収して作っていかなければならないと思います。同時に臨床心理学の側でも，コミュニティの中でうまく媒体となってコミュニティを生かす形で（やっていける人材を）教育をしていくということも課題であると思っています。つまりコミュニティセンスをもった臨床心理士を育てるということです。

紺野：理学系に進学する人は志が高い学生も多い。だから先生方も一生懸命に

指導したくなるということもあるのかもしれませんね。これくらいはできるはずだと。
相原：見極めが難しい。教員側は励ましているつもりが学生にしてみたら理不尽に叱られたと思うかもしれません。
紺野：確かに今の若い人たちは叱られ慣れていない。われわれも叱り方が下手というか。
相原：僕らの世代の人間は，結構みんな怒鳴られています。今から考えると怖い先生がいたなというイメージくらいしかないんですけど。今の理学系では学生に対して怒鳴るという先生はほとんどいないと思いますよ。そうしないようにと（教員は）気をつけていて，それはそれでいいのかわからないですけど。
紺野：親の立場でも子どもを怒るということは，昨今なかなかしないですからね。
相原：そういう昨今の若者の性質なども含め，支援室からの情報というのは教員側にとっては「こういうことも考えなくてはいけないのか」と役に立つ。ある程度のことは積極的に発信していいんだと思いますよ。

Ⅴ　学生相談で「タフ」な学生を育てる

紺野：総長もいろいろな意味で，タフな東大生とおっしゃっています。研究などで疲れたときに支援室に来て相談して，もう一度考え直すとか，そこで強くなっていくということもあると思う。
相原：何をもってタフというか。弱いのがだめとか，悩みを抱えているのはいけないとかいうことではないと思うんですよね。最初からタフな人はいないんです。ここは注意しないと学生に間違ったメッセージを送ることになると思います。
紺野：弱ったときに相談して考え直していくことを繰り返すことで少しずつ強くなっていく。
相原：乗り越えるという経験があるかどうかで違う。乗り越えるのを助けるような手段を（大学側が）用意したうえではじめて，タフな東大生を育てる

という目標を立てることができるのではないでしょうか。科学の世界においても競争があることは間違いないので，理学系でも世界に出て勝ち抜ける人を養成したいと思います。ただし，そのような人を養成するというのは，そういう人たちだけを選ぶということとは違う。タフな人間になれるよう，学生を支援する仕組みをちゃんと作っていかないといけないと思います。

下山：そういうとき，自分が期待に応えられないかもしれない，能力があまりないかもしれないという不安を契機として自分を見直し，そして自分を確立していく。そのような自己の弱さを知ることを通して自分を再構成できてはじめて本当にタフな自分を作ることができるのではないでしょうか。自分の弱さを認められるということが，ある種の強さにつながっていくと思います。それが，青年期の成長ということではないでしょうか。そのような自分の見直しと再構成という，学生の成長を支援するのが学生相談ではないかと思います。

相原：成績という点では自分より上の人なんて，世の中にいくらでもいる。そのレベルでどうこう考えるのはやめにするということに早くに気づかないといけません。自分の特徴，オリジナリティをどう出すか。外国に出ると，勉強だけしていてもだめなんだということに気づかされます。東大の中でも，駒場では成績が良かったけれど理学部に進学したら実はそうでもないと気づいたり，大学院に進学したらなおさらそうであったり。そういうときに乗り越えられるよう，補助手段として支援室は機能しているのではないかと思います。

下山：今の相原先生のお話の留学に近い感覚としては，他大学から東大の大学院に進学してきた学生などもカルチャーショックは受けますよね。

相原：負のスパイラルに陥っていくことはかなりありますね。指導教員側も他大学からの進学生への対応に慣れていなかったりします。学生にプレッシャーがかかったりストレスがかかったりしているときに，どう対応するか。それを乗り越えろよ，乗り越えられないと駄目だよというのが昔は一般的だったけれども，今はそれだけでは，大学として責任を果たしていないという意識が社会にあります。

下山：なるほど。進路決定や人間関係といったステージによって学生さんの悩みや問題が出てくることには変わりはない。しかし，その問題に対処する方法や問題解決を支援する方法は変わってきていますね。以前は「叱る」ということは，若者の成長を促す方法であったのが，今は"パワー・ハラスメント"になることさえあるわけですね。教育の仕方や，その教育の仕方を評価する視点が変化してきていますね。そうすると大学も変わらないと，どこかにひずみが出てくるということになりますね。

相原：支援室はアンテナとしての意味もあるのだろうと思います。なるべく早く社会や学生の意識の変化をキャッチして，大学側，教員側にフィードバックすることが大切だと思います。

紺野：ハラスメントの問題などは一度起こってしまうと，関係者は本当に気を使いながら長時間かけて解決していかないといけない。予防というか，支援室がある程度のところでおおらかに対応できていくといいのでしょうね。

相原：理学系は，そもそも人間関係が得意でない人たちが多いので，早めに専門家の手を借りて支援室のような場所を作っておこうと思ったわけです。

下山：そういうところは，理学部の皆さんは科学者だなと思います。理学系は，事実をしっかり観察して問題があれば解決しようと物事を変えていくのも早い。理屈や筋が通っていれば，じゃあやってみよう（支援室を作ってみよう）と，判断が早い。科学者精神というか実験屋さんというか。理学系のいい体質なのでしょうね。

相原：ある意味柔軟かもしれません。そうでない面もたくさんあるのですが。

下山：柔らかくて生活に根差したところで行う学生相談というのは私の念願でした。それが理学部学生支援室という形で動き出し，発展しているのをみていると，臨床心理学，そして学生相談活動にとって新たな実験がここで始まっていると感じます。

Ⅵ　学生相談のさらなる発展に向けて

相原：今後の課題として（支援室を）どう維持していくか，サステナビリティ（持

続可能性）の問題がありますね。ユーザーが極端に増え始めると，対応しきれるのかという問題が出てきます。

司会（支援室相談員）：いま現在，時期にもよりますが8割程度の稼働率です。こういう支援の仕方は，来談学生1人に対して複数の連携者が出てきます。その対応に割かれる時間，労力がかなりあります。

下山：今後，多くの問題にいかに機能的に対応するかが課題になると思います。そのためには，支援室が問題の全部の面を引き受けないことが重要になるかと思います。つまり，問題をよく見極めて，どの組織や部署がその問題に取り組むのがよいのかを，的確にそして迅速に判断し，理学部のさまざまな社会資源の振り分け機能を育てることが必要となるでしょう。理学部のそれぞれの部署が適材適所で問題に対応していくルートを作っていくことです。

　進路や勉強の問題であっても，実はそこに心的問題が絡んでいたりすることもあります。よく問題を見て，これは心理の問題だから相談員が最初に対応する。しかし，こちらの問題が解消したら，次は研究能力の問題だから，早めに指導教員や研究室にお願いするというように，そうやって問題を仕分けていく機能を高めていくことが大事だと思います。

相原：部局だけではなく大学全体として，学生をタフにするにはどういう支援が必要なのか考えていく必要があるでしょうね。あと留学生への対応も課題です。それから，教職員の中から学生支援サービスの専門家のような人たちを育成するトレーニングやプログラムなどがあればいいかもしれません。

紺野：職員の中には，学生さんの支援や先生方の支援をしたいという動機で入ってくる人も多くいます。特に，窓口業務を担当する職員へセミナーなどのトレーニングが受けられる制度があればいいと思います。

下山：大学職員の方のトレーニングということについては，まだ体系的な理論構築はできていません。今回支援室の活動を書籍化して，学生支援の理論化を図ることがその出発点になるのではと期待しています。

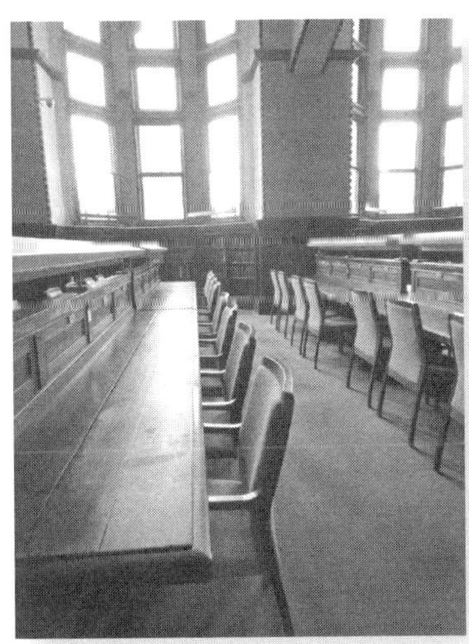

epilogue / エピローグ

理学部の教育理念を反映する学生支援

理学系研究科・理学部学生支援室長　相原博昭

　読者の皆様には，学生支援室の機能が主としてふたつあることをおわかりになっていただけたでしょうか。第一は，学生が大学において充実した生活をおくることができるよう心のケアを提供するサービスです。東京大学は，「タフな」学生を育成することを目指しています。しかし，はじめからタフな人間などいません。人がタフになるためには，環境の変化や人間関係から発生するストレス，さらには物事が思うようにいかないことからくる挫折感などを何らかの方法で乗り越えたという成功体験を積み重ねることが必要ではないでしょうか。学生支援室は，学生に，その成功体験を得てもらうために，大学が提供できるひとつの重要なサービスであり，われわれ教員は，学生がそのサービスを積極的に利用してくれることを望んでいます。

　学生支援室の機能の第二は，教員と学生のコミュニケーションを向上させるためのアンテナの役割です。人を育てるという「作業」は，双方向の作業です。大学が教育機関としてのミッションを果たすためには，教員と学生の間にあらゆるレベルでの双方向の意志の疎通が必要です。とはいえ，教員の学生に対する思いが常に正確に学生に伝わるわけではなく，また，学生の大学における教育・研究に対する望みや要求が常に正確に教員に伝わるわけでもありません。学生支援室は，学生を支援するという行為を通じて，教員が見落としていた，あるいはわからなかった学生のニーズを細やかに感じ取っていく感度の高いアンテナなのです。教員はそのアンテナから得られた情報をもとに，自らの行動

や言動にフィードバックをかけることができます。大学は，支援室からの情報をもとに学生の置かれている環境の向上を図ることができます。学生同様，教員そして大学組織もまた，学生支援室を積極的に利用することが望まれています。

　学生支援室は，設立時，必ずしもポジティブなイメージをもつ存在ではなかったかもしれません。「理学部のオタク系の学生には心のケアが必要かも」といったネガティブなイメージをもっていた教員も少なからずいたのではないでしょうか？　「理学部には研究ヘビーな頭でっかちな教員ばかりなので学生支援室も必要だよね」と思われた大学関係者もいらっしゃったかもしれません。しかしながら，理学部の学生のアイデンティティを尊重し，彼ら彼女らの心のニーズに対応することは，理学部の教育理念に則ったポジティブな行為です。学生支援室の存在は，われわれ教員の教育に対する理念を反映していますし，その今後のあり方は，われわれの大学教育に対するビジョンを反映することになると思います。理学部の学生が，そのアイデンティティを保ちながらタフな人間に育つためのプロセスにおける，理学部が提供できるささやかながらも，ひじょうに重要なサービスが学生支援室です。

　最後になりましたが，理学部学生支援室は，本学教育学研究科という教育のプロ集団からの全面的な協力によってのみ実現できたということをここに明記させていただきたいと思います。

索　引

● …… あ行

アイデンティティ　39, 42, 76
アウトリーチ活動　126, 154
アカデミアの労働市場　32
アカデミック・ハラスメント　56, 92
アサーション　168
アスペルガー症候群　47, 58-61, 66
アンケート調査　32, 125
育児　40, 41, 142
意識調査　148
意思決定　39, 52, 102, 125, 127
インターベンション　75, 77-80, 84
うつ病　47, 76, 77, 80, 84, 92, 163
運営委員（会）　36, 41, 49, 52-57, 98, 100-102, 116, 117, 122, 123, 173
　―制度　52, 100-103
援助資源　42, 48, 85, 110, 171, 173, 183
岡村定矩　179-186

● …… か行

ガイダンス　113, 120, 121, 126, 128, 129, 145, 150, 167
カウンセリング　49, 78, 79, 83, 92, 129, 145, 148, 149, 183, 185
学業・研究　28, 77, 82, 114, 115, 117, 119, 124, 126
学習障害　47, 58, 63, 165
学習相談室　89, 184
学生支援　59, 89, 93, 94, 95, 100, 104, 130, 159, 161, 171, 172, 175, 183, 185, 186, 187, 189, 196
　―資源　93, 95
　―システム　183, 186
　制度化された―　95
　専門的―　95
　日常的―　95
学生
　―生活　10, 91, 99, 117, 135, 146, 149
　―の成長　93, 95, 194
　―の多様化　136, 160
　―のニーズ　95, 96, 144, 148-154
学生相談
　―機関　89-95, 111, 112, 148, 151, 162, 165, 172
　―サービス　160, 172
学科長　19, 27, 49, 66, 108, 126, 128
学校適応　120
過保護　146
カルチャーショック　194
環境調整　26, 28, 41, 48-50, 102
管理運営システム　180, 181, 184
キーパーソン　27, 108
聞き取り調査　76, 128
規程（支援室）　103, 104, 105
キャリア
　―支援　38
　―パス　32, 42
　―変更　32, 33
教育推進委員会　73, 100, 106, 116, 166, 172, 183, 184
教科教育　90, 94

教職員
　―学生交歓会　121, 123
　―からの相談　113, 114
　―と学生とのすれ違い　140-143
　―のニーズ　144-148
教務委員（会）　19, 20, 22, 24, 49, 65, 69, 73, 107, 126, 128
クリニック・モデル　129
研究科長　9, 57, 81, 82, 84, 100, 104, 116, 123, 172, 181, 182, 184, 186
研究職　32, 37, 38, 43, 136
権力構造　45
講義のサポート　68
高等教育政策の変化　45, 160, 161
広報活動　122, 145, 150, 151, 154
コーディネーター　29, 110
国立大学法人　89, 180, 181
困り感　26, 27
コミュニケーション　44, 59, 60, 137, 138, 139, 143, 145, 168, 188, 190, 191, 197
コミュニティ　29, 30, 31, 81, 82, 84, 85, 100, 102, 103, 106, 108, 110, 120, 123, 129, 133, 146, 166, 167, 171, 172, 174, 176, 183-185, 187, 189, 190-192
　―活動　94, 95, 103, 108, 129
　―に根差した実践活動　129
コンサルテーション　30, 102, 115, 118, 119, 121, 126, 144, 145, 173

● ……さ行

支援室
　―規程　103, 104, 105
　―の運営方針　103, 123, 172, 173
　―の体制　111
　―の認知度　128, 144, 150
支援体制　11, 18, 95
自殺
　―対策　75

　―念慮　74-78, 85
　―の危険　76, 77, 79, 80, 84
　―の危険因子　76, 78
　大学生の―　74, 76
システム　19, 90, 91, 93-95, 100, 134, 180-186, 188, 189, 192
　教員―　42, 90-93, 106
　教職員―　104, 108
　事務員―　90, 91, 93
実習のサポート　68
自分の見直し　194
社会性　39, 59, 60, 65, 66
修学困難な学部生　166
就職活動　31, 35, 37, 43, 52, 56, 72, 77, 78, 114, 122-124, 126, 152
集団内の力関係　45
出産　40, 41, 142
　―と研究の両立　40
守秘義務　72, 146, 147, 175
受理面接　112-114
上位部門　171-174
情報
　―共有　68, 103, 146, 181
　―提供　52, 72, 83, 102, 119, 127, 150, 152, 164
　―発信　103, 144, 145, 171
　―発信機能　108
職業選択　31, 43
女性研究者　42
進学振分け　86, 169
新規来談者　123
心身・性格　114, 115
人生設計　31
心理援助　48-50, 65, 104, 109
心理教育　75, 83-85, 102, 145
心理的サポート　70
進路　28, 31-43, 67, 72, 86, 114-116, 120, 125, 127, 150, 152, 157, 191, 196

―決定　12, 31-33, 38, 42, 125, 127
青年期の成長　194
セクシュアル・ハラスメント　56
専門性　28, 29, 65, 125, 147, 159, 167, 171-174
早期発見　18, 182
相談件数　122, 126, 161
相談行為への抵抗感　149
相談内容　114-117
組織作り　99

● ……　た行

大学院重点化　32, 45, 135, 180
大学院生の不適応問題　166
大学
　―改革　181
　―教育　90, 151, 159
　―コミュニティ　18, 75, 84, 89-99, 128
　―コミュニティとの協働　89-99
　―のユニバーサル化　17
大学生の自殺　74, 76
対人関係　26, 43, 44, 50, 114-116, 120, 124, 138, 140, 142, 150, 174, 175, 182
対人スキル　32, 39
対立構造　92, 191
タフな東大生　11, 130, 193
チームアプローチ　29, 49
注意欠陥多動性障害（ADHD）　47, 58, 61, 62
調整機能　48-50, 108, 110
適性　33, 36, 38, 72, 115
統合失調症　47, 76, 164
独立行政法人化　135, 180
トップダウン　103, 108, 160, 181

● ……　な・は行

ニーズ　95, 103, 107, 108, 110, 121, 128, 129
　学生の―　95, 96, 144, 148

教職員の―　144
人間関係の希薄化　139
人間的成長　90, 93, 94
ネットワーク　19, 26, 32, 79, 102, 108, 110, 147, 154
　―機能　108, 110
ハイパー・メリトクラシー　32
発達課題　31
発達障害　19, 26, 46, 47, 58-73, 104, 120, 165, 189, 190
パワー・ハラスメント　56
パンフレット　113, 121, 128, 129
引きこもり　17-30, 81
ファカルティ・ディベロップメント（FD）　159-169, 173
部局　30, 93
　―のコミュニティ　94
　―の理念　117
副研究科長　49, 100, 116, 123, 179, 183, 186
不登校　17-30, 47, 74, 106, 107, 114, 115, 118, 120, 121, 123, 125-127, 165, 185, 191
プライバシー保護　79, 106, 114, 116, 145, 173-175, 187
プリベンション　75, 85
法人化改革　181
保健センター　51, 79, 82-85, 99, 113, 119, 179
ポストドクター（ポスドク）　34, 86, 152
　―問題　31
ポストベンション　75, 82-84
ボトムアップ　103, 108, 129, 181

● ……　ま・や・ら行

メンタルヘルス　79, 80, 106, 109, 114, 117
メンタルヘルス・リテラシー　109
モラトリアム　17
役割期待　139, 140
山本正幸　179-186

予算　30, 121, 128, 129, 181
予防活動　106-108
ライフコース　42
リーダーシップ　46, 181, 184
留学生　121, 128, 129, 136, 138, 147, 196
臨床心理学　57, 101, 116, 163, 184, 188, 192, 195
臨床心理士　89, 161
ルール作り　103

劣等感　24, 27, 37
恋愛　47, 120
　―問題　115
連携　11, 18, 20, 25, 49, 56, 57, 65, 71, 77, 79, 84, 102, 106, 108, 123-126, 129, 130, 144, 146-148, 169, 172, 173, 190
　学科との―　20
　教員との―　25, 32, 57, 71

●…… 編著者

　○…… 東京大学大学院理学系研究科・理学部学生支援室

　室　長　相原博昭（あいはら・ひろあき）
　東京大学大学院理学系研究科・理学部教授／副研究科長

　副室長　榎本眞理子（えのもと・まりこ）
　東京大学大学院理学系研究科・理学部助教／臨床心理士

　主　任　藤原祥子（ふじわら・しょうこ）
　東京大学大学院理学系研究科・理学部助教／臨床心理士

　相談員　藤岡　勲（ふじおか・いさお）
　東京大学大学院理学系研究科・理学部教務補佐員／臨床心理士

　相談員　末木　新（すえき・はじめ）
　東京大学大学院理学系研究科・理学部教務補佐員／臨床心理士

　○…… 下山晴彦（しもやま・はるひこ）
　東京大学大学院教育学研究科教授／臨床心理士
　東京大学大学院理学系研究科・理学部学生支援室アドバイザー

●…… 執筆協力

　東京大学大学院理学系研究科・理学部 教職員

東大理学部発　学生相談・学生支援の新しいかたち
──大学コミュニティで支える学生生活──

ISBN978-4-7533-1020-3

東京大学大学院理学系研究科・理学部　監修
東京大学大学院理学系研究科・理学部学生支援室／下山晴彦　編著

2011年4月5日　第1刷発行

印刷　新協印刷（株）　／　製本　（株）中條製本工場

発行所　（株）岩崎学術出版社　〒112-0005　東京都文京区水道1-9-2
発行者　村上　学
電話03（5805）6623　FAX 03（3816）5123
©2011　岩崎学術出版社
乱丁・落丁本はおとりかえいたします　検印省略

改訂 大学生のための精神医学	高橋俊彦・近藤三男著	一般の学生，対人援助職を目指す学生，学生と関わる教師や家族のために，学生にとって身近な事柄を中心に精神医学について解説した。A5判172頁 本体2,800円
学校現場に生かす精神分析 学ぶことと教えることの情緒的体験	I・S・ウィッテンバーグ他著 平井正三・鈴木誠・鵜飼奈津子監訳	学級崩壊，不登校，いじめ，突然の暴力等，学校で起こる「分からない」子どもの問題について，精神分析の観点と概念を導入して理解を試みる。A5判並製240頁 本体2,800円
学校現場に生かす精神分析【実践編】 学ぶことの関係性	B・ヨーエル著 平井正三監訳／鈴木誠訳	精神分析的実践やその思考プロセスを教育の営みの一つとして取り入れ，そこからの理解をいかに教育実践に役立たせるかに取り組む。A5判並製224頁 本体2,500円
改訂 精神科養生のコツ	神田橋條治著	養生のコツの基底には「原始生命体の機能を呼び戻しましょう」という呼びかけがある。現場から生まれた患者の自助活動のための工夫。四六判232頁 本体2,300円
追補 精神科診断面接のコツ	神田橋條治著	常に患者の視点に立ち，面接に必要な技術とそれを磨く様々なコツを述べる。職種を超えて，広く読み継がれている名著。四六判256頁 本体3,000円
摂食障害の不安に向き合う 対人関係療法によるアプローチ	水島広子著	患者本人や家族はもちろん治療者の不安も著しく喚起する摂食障害において，不安に向き合い治療効果につなげる方法を説く。四六判200頁 本体2,000円
初回面接入門 心理力動フォーミュレーション	妙木浩之著	居場所がなく不調を来した心の「より所」となるために必要な配慮と対応―そのプロセスの実際を具体例を挙げて述べる。A5判216頁 本体2,500円

この本体価格に消費税が加算されます。定価は変わることがあります。